Die Rechtsgrundsätze

des

Königl. Preußischen

Ober-Verwaltungsgerichts.

Nach den gedruckten Entscheidungen zusammengestellt und mit Rücksicht auf die fortschreitende und auf die neuen Provinzen ausgedehnte Verwaltungs gesetzgebung erläutert

von

K. Parey,
Königl. Verwaltungsgerichts-Direktor a. D.

2te vermehrte und verbesserte Auflage.

Ergänzungsband 1894

enthaltend die Rechtsgrundsätze aus Band XXV und XXVI sowie aus Band II der Entscheidungen in Steuersachen,

letztere bearbeitet

von

Friedrich Karl Parey,
Königl. Consistorialassessor.

Berlin 1895.
J. J. Heines Verlag.

Vorwort.

Dieser neue Ergänzungsband konnte nicht früher erscheinen, weil der Band XXVI der gedruckten Entscheidungen erst am Schlusse des Jahres 1894 im Buchhandel zu haben war.

Außerdem erschien es unerläßlich, das seit einigen Jahren als entbehrlich erachtete und deshalb fortgelassene chronologische Register wieder aufzunehmen. Es ist dies in der Weise erfolgt, daß dasselbe nicht nur den Hauptband des 1892 erschienenen Stammwerks der II. Auflage, sondern auch die Ergänzungsbände der Jahrgänge 1892, 1893 und 1894 umfaßt.

Die Herstellung dieses umfangreichen Registers verdanke ich der Güte des Herrn Bürgermeisters Koslik—Reichenbach (Schlesien), welcher auch auf mein Ersuchen und weil die Herausgabe nicht noch weiter verzögert werden durfte, die Bearbeitung der Rechtsgrundsätze des Bandes XXV gütigst übernommen hat.

Möge auch dieser neue Ergänzungsband den treuen Abnehmern des Werkes von Nutzen sein.

Blankenburg im Harz, Januar 1895.

K. Parey,
Königl. Verwaltungsgerichts-Direktor a. D.

Inhalt.

Erste Abteilung.

Angelegenheiten der Kommunal- und staatlichen Verwaltungsbezirke.

Zweite Abteilung.

Kultus, Schule und Personenstand.

Dritte Abteilung.

Polizeiliche Angelegenheiten.

Vierte Abteilung.

Der Verwaltungsprozeß.

Fünfte Abteilung.

Entscheidungen in Staats-Steuersachen.

Erste Abteilung.

Angelegenheiten der Kommunal- und staatlichen Verwaltungsbezirke.

I.

Provinzialverbände.

D. Provinzialabgaben.

(Einzuschalten auf S. 2 des Ergänzungsbandes 1893.)

Nr. 7.

Endurteil des II. Senats vom 9. Januar 1894 (Entsch. Bd. XXVI. S. 1).

1) Für die Verteilung der Provinzialabgaben auf die einzelnen Kreise ist das berichtigte Staatssteuersoll maßgebend. Demgemäß hat das Istaufkommen der in den Kreisen zur Hebung gestellten direkten Staatssteuern keine Bedeutung, so daß Ausfälle, welche durch Nichteinziehbarkeit der Individualabgaben entstehen, sowie Aenderungen, welche im Laufe des Steuerjahres zufolge Verziehens oder Todes des Pflichtigen sich ergeben, unberücksichtigt bleiben. Dagegen muß, wenn die Staatssteuerbeträge in Folge von Einsprüchen, Berufungen u. s. w. der Beteiligten eine Modifikation erleiden, wenn hierdurch also festgestellt wird, daß die Besteuerung der betreffenden Individuen von Anfang an eine unrichtige war, diesem Umstande Rechnung getragen werden, weil in diesem Falle die ursprünglich zu Grunde gelegte Gesamtsumme der in dem Kreise aufkommenden Staatssteuern ex tunc eine andere wird.

2) Der Kreis vermag einen derartigen Umstand im Wege der Reklamation und der Klage nur dann mit Erfolg geltend zu machen, falls zu der Zeit, da die Entscheidung hinsichtlich seiner Ueberbürdungsklage getroffen wird, die Berichtigung des ursprünglichen Solls schon stattgefunden hat, denn die Provinz ist zwar verpflichtet, auch spätere Berichtigungen des Solls zu berücksichtigen, allein es fehlt an einer gesetzlichen Vorschrift, auf Grund deren der Kreis jenen Anspruch im Verwaltungstreitverfahren durchführen könnte.

3) Ist die Reklamationsfrist unbenutzt verstrichen, oder hat eine Entscheidung zufolge Reklamation und Klage einmal stattgefunden, so bleibt nur noch die Anrufung der Aufsichtsbehörde übrig, um die späteren Berichtigungen des Staatssteuersolls zu verwerten.

II.

Kreise.

A. Wahlangelegenheiten.

(Einzuschalten auf S. 3. des Ergänzungsbandes 1893.)

Nr. 42.

Endurteil des II. Senats vom 5. Dezember 1893 (Entsch. Bd. XXVI. S. 7.)

1) Unter den „Beteiligten" im Sinne des § 57 der rheinischen Kreisordnung vom 30. Mai 1887 sind nicht die in den Wahlverbänden der Landbürgermeistereien und der Städte zur Ausübung des Wahlrechtes berufenen Körperschaften zu verstehen. (Endurteil vom 25. September 1888. — Entsch. Bd. XVII. S. 12.)

2) Der Umstand, daß die gesetzlich vorgeschriebene neue Verteilung der Kreistagsabgeordneten nicht alsbald nach Ablauf der dreijährigen Periode stattgefunden hat, macht die nachträglich stattgehabte Verteilung nicht ungiltig.

3) Der § 52 Abs. 2 der Kreisordnung bestimmt nur, daß, wenn ein beispielsweise von den größeren Grundbesitzern gewählter Kreistagsabgeordneter ausscheidet, die Neuwahl wiederum von den größeren Grundbesitzern geschehen soll, nicht aber, daß zwischen der früheren und der Neuwahl eine Aenderung des Verteilungsplanes unzulässig sei.

Nr. 43.

Endurteil des II. Senats vom 30. Juni 1894 (Entsch. Bd. XXVI. S. 10).

1) Nach § 45 der hannoverschen Kreisordnung vom 6. Mai 1884 und nach dem daselbst in bezug genommenen § 40 soll bei den alle 12 Jahre wiederkehrenden Revisionen namentlich geprüft werden, ob in Folge einer Aenderung der Einwohnerzahl des Kreises oder der Städte sich auch die Zahl der im Ganzen bezw. der von den Städten zu wählenden Kreistagsabgeordneten geändert hat.

2) Der § 68 der hannoverschen Kreisordnung ist ebenso auszulegen, wie der § 112 der altländischen Kreisordnung.

3) Der Grund, weshalb überhaupt eine Revision innerhalb des zwölfjährigen Zeitraums vorgeschrieben wird, ist der, daß der Verteilungsplan mit den Bestimmungen der Kreisordnung in Einklang bleiben soll. In dieser Beziehung kommt es aber besonders darauf an, daß derselbe, soweit die Bevölkerungszahlen entscheidend sind, die zur Zeit maßgebenden, d. i. die der letzten Volkszählung zu Grunde legt.

4) Die Worte in § 68 Nr. 2 „bezw. Neuwahlen" sind auf die Fälle zu beziehen, wo die Zahl der von einem Verbande zu wählenden Abgeordneten sich vermehrt. Bei einer Verringerung dieser Zahl dagegen sind die in Folge derselben ausscheidenden Abgeordneten im Notfalle durch das Loos zu bestimmen, nicht aber sind alle Wahlen des betreffenden Verbandes als erloschen zu behandeln und Neuwahlen für sämtliche Abgeordnete dieses Verbandes vorzunehmen.

G. Armenangelegenheiten.

Nr. 1.

Endurteil des II. Senats vom 9. Februar 1894 (Entsch. Bd. XXVI. S. 17).

1) Zwischen dem zur Kostenerstattung verpflichteten Ortsarmenverbande und dem hierbei zu einer Beihülfe verpflichteten Kreise kann unter gewissen Voraussetzungen ein Verwaltungsstreitverfahren stattfinden. Unter diesen Streitigkeiten können nur solche gemeint sein, welche die von den Kreisen zu leistende Beihülfe zu den vom Landarmenverbande ersetzt verlangten Kosten betreffen. Da der Landarmenverband den Ersatz der Kosten nicht eher verlangen kann, als bis sie entstanden sind, so ergiebt sich, daß ein Streit über die Beihülfe keinesfalls anhängig gemacht werden kann, bevor die Aufnahme des Hülfsbedürftigen in die Anstalt erfolgt ist. Eine Feststellungsklage zur Entscheidung der Frage, ob und welche Beihülfe der Kreis zu gewähren haben würde, wenn die Aufnahme stattgefunden hätte, kennt das Gesetz nicht, wie denn auch eine etwa dem entsprechende Entscheidung ohne jeden praktischen Erfolg bliebe, wenn es demnächst zu der Aufnahme überhaupt nicht käme.

2) Darüber, ob der Hülfsbedürftige nach Maßgabe des § 31 des Gesetzes vom 8. März 1871 (und 11. Juli 1891) in eine Anstalt aufzunehmen sei, kann zwischen Ortsarmenverband und Kreis nicht gestritten und entschieden werden.

3) Die Pflicht zur Aufnahme liegt direkt dem Landarmenverbande ob, und die Bestimmung ob im Einzelfalle die Aufnahme stattfinden soll, steht (in der Provinz Westfalen) dem Landeshauptmann zu. Dem Landarmenverbande gegenüber ist lediglich der Ortsarmenverband ersatzpflichtig, und wenn ein Fall vorliegt, in welchem der Landarmenverband nach § 31 Abs. 1 zur Aufnahme verpflichtet ist, so kann die Aufnahme nicht deshalb versagt werden, weil der Kreis die Gewährung der Beihülfe an den Ortsarmenverband verweigert.

4) Durch die Beiladung des Landarmenverbandes hat die prozessuale Lage der Sache keine Aenderung erfahren, die Gruppierung der Parteien bleibt dieselbe.

F. Zwangsetatisierungen.

(Einzuschalten auf S. 103 des Stammwerks II. Auflage).

Nr. 8.

Endurteil des I. Senats vom 14. Oktober 1893 (Entsch. Bd. XXV. S. 1).

1) Nach § 134 der Kreisordnung hat der Kreisausschuß — neben den Kommunalangelegenheiten — auch „Geschäfte der allgemeinen Landesverwaltung" teils als Kollegium, teils durch seinen Vorsitzenden wahrzunehmen (§ 137); nach § 164 sind die Kosten dieser Geschäftsführung vom Kreise zu tragen. Zu jenen Geschäften gehören vornehmlich die dem Kreisausschusse überwiesenen Verhandlungen und Entscheidungen im Verwaltungsstreitverfahren (§ 7 L.-V.-G.) und wiederum die dem Vorsitzenden des Kreisausschusses durch § 74 Abs. 3 übertragene Bestellung eines Kommissars zur Wahrung des öffentlichen Interesses. Die Kosten, welche aus der Bestellung und Schadloshaltung eines solches Kommissars entstehen, hat der Kreis zu tragen.

2) Soll eine dem Kreise gesetzlich obliegende Leistung zwangsetatisiert werden, muß zunächst von der Aufsichtsbehörde eine entsprechende Feststellung

der Leistung zeitlich vorangehen. Dieselbe gleichzeitig mit der Zwangsetatisierung zu treffen, ist nach dem Wortlaut des Gesetzes (§ 108 L.-V.-G.) und der feststehenden Rechtsprechung und Verwaltungspraxis unzulässig.

III.

Städte.

A. Städtische Gemeindeabgaben.

(Einzuschalten auf S. 14 des Ergänzungsbandes 1893.)

Nr. 174.

Endurteil des II. Senats vom 9. Mai 1893 (Entsch. Bd. XXV. S. 14).

1) Der § 52 der Städteordnung vom 30. Mai 1853 setzt für die Erhebung des Hausstandsgeldes etwas Weiteres überhaupt nicht voraus als einen Gemeindebeschluß und dessen Genehmigung. Es bedarf daher nicht des Erlasses eines Statuts, wie ein solches die Städteordnung in gewissen anderen Fällen (§§ 5, 12, 19—21, 29, 59, 70) in Aussicht nimmt. Ebenso wenig ist bei bloßen Beschlüssen, mögen dieselben immerhin nicht nur den einzelnen Fall betreffen, sondern auf die Dauer von weiterreichendem Einfluß sein, eine Publikation vorgeschrieben. Landes- und Reichsgesetze freilich bedürfen für ihre verbindliche Kraft einer besonders geregelten Verkündigung; eine gleiche Vorbedingung besteht auch für Polizeiverordnungen 2c.; derartige Formalvorschriften dulden aber keine analoge Ausdehnung auf andere Gebiete, namentlich bei dem verschiedenen Geltungsbereich und Charakter von Gesetzen oder verwandten Strafvorschriften einerseits und bloßen Lokalbestimmungen andererseits. Wenn das Reskript des Ministers des Innern vom 30. August 1872 (Min.-Bl. S. 225) im Aufsichtswege darauf hingewirkt sehen will, daß eine ausreichende Veröffentlichung städtischer Steuerregulative nicht unterbleibe, so geht dasselbe dabei keineswegs von der Meinung einer gesetzlichen Notwendigkeit aus, sondern betont nur die Zweckmäßigkeit. Gerade diese Begründung zeigt, daß auch bei Erlaß des Reskripts die Ansicht maßgebend gewesen ist, es bestehe eine unmittelbar gesetzliche Publikationspflicht an sich nicht. In diesem Sinne hat auch das Reichsgericht durch Urteil vom 2. Januar 1883 und wiederholt das Ober-Verwaltungsgericht entschieden. (cfr. u. A. Entsch. Bd. XVII. S. 216.)

2) Das Einspruchsrecht gegen die Richtigkeit der Gemeindewählerliste giebt § 20 St.-O. jedem Mitgliede der Stadtgemeinde, d. h. nach § 3 das. allen Einwohnern des Stadtbezirks. Man hat für die Richtigkeit der Liste eine Gewähr dadurch schaffen wollen, daß jedem Gemeindemitgliede das Recht gegeben ist, etwaige Irrtümer aufzudecken und ihre Berichtigung herbeizuführen. (cfr. Entsch. Bd. XIV. S. 46.) Daß die generelle Bezeichnung des Gemeindemitgliedes hier mit Absicht gewählt ist, erhellt auch aus dem Gegensatze des § 27 a. a. O., wo der Einspruch gegen das spätere Wahlverfahren auf die engere Kategorie der stimmfähigen Bürger beschränkt ist. Es ist Sache desjenigen, der die Listen bemängelt, diese Mängel bestimmt zu bezeichnen und thatsächlich zu begründen, nicht etwa Sache des Prozeßgegners, die gegen ihn

erhobenen Angriffe, wäre es auch aus eigener Wissenschaft, zu ergänzen. Darüber, ob eine Aufnahme in die Liste mit oder ohne rechtlichen Grund unterblieben ist, darf, so lange es an einer speziellen Zeichnung der davon betroffenen einzelnen Personen fehlt, schon in deren Interesse im Streitverfahren nicht zugelassen, auch nicht einmal der Gegenpartei — selbst wenn dieselbe im Großen und Ganzen nicht gerade zweifelhaft darüber sein mag, auf wen sich das Verlangen beziehen soll — eine Auslassung angesonnen, vollends aber eine Entscheidung nicht getroffen werden, die noch Raum läßt für einen späteren Streit darüber, auf wen sie im einzelnen sich bezieht.

3) Die Entrichtung des Bürgerrechtsgeldes bedingt den Erwerb des Bürgerrechts selbst überhaupt nicht, sondern nur dessen Ausübung — ein Unterschied, welchen auch die Städteordnung anerkennt, wenn sie im § 7 von dem Verluste des Rechtes selbst und daneben nur von dem Ruhen der Ausübung spricht (vergl. § 74 das.). Gerade weil die Verjährung des Bürgerrechtsgeldes garnicht den Verlust des Rechts zur Folge hat, sondern nur seine Ausübung hemmt, bleibt dem Magistrat das Mittel übrig, den an sich Berechtigten durch nachträgliche Zahlung des Bürgerrechtsgeldes noch die Ausübung wieder zu eröffnen. Hat aber jemand von diesem Angebot keinen Gebrauch gemacht, darf ihm die Ausübung seines Rechts oder doch die Möglichkeit einer solchen nicht aufgezwungen werden und die Ausschließung aus den Listen bleibt gerechtfertigt.

Nr. 175.

Endurteil des II. Senats vom 21. November 1893. (Entsch. Bd. XXV. S. 26.)

1) Wo einzelne Zweige der Ortspolizeiverwaltung einer Stadtgemeinde überwiesen werden, berechnet sich die dann eintretende „der Minderausgabe des Staates entsprechende Ermäßigung" nach § 6 des Gesetzes vom 20. April 1892 wie folgt: die Ersparnis des Staates ist durch die Zahl der Einwohner der Stadt zu teilen und der sich dann ergebende Betrag von dem im § 1 des Gesetzes bestimmten Kopfsatze in Abzug zu bringen.

2) Der von der Stadtgemeinde zu führende Beweis über die Minderausgaben des Staates wird nur durch Schätzung zu erbringen sein. Von diesem Standpunkt aus erscheinen die Ausgaben, welche thatsächlich den Gemeinden durch die Verwaltung der ihnen überwiesenen Polizeizweige entstehen, von Bedeutung und bieten einen Anhalt bis dahin, daß der Staat besondere Gründe für d i e Annahme glaubhaft macht, er würde mit geringeren Beträgen auskommen.

3) Da bei event. Uebertragung der „Feldpolizei" an die Stadt letztere in ausreichender Weise durch Anstellung der notwendigsten Feldhüter gemäß §§ 62 ff. des Feld- und Forstpolizeigesetzes vom 1. April 1880 nicht nur für das allgemeine sicherheitspolizeiliche Interesse, sondern auch für das Privateigentum — Schutz der Felder — zu sorgen hat, hat auch der Staat diese notwendigen Kosten sich als Minderausgabe voll und ganz abrechnen zu lassen.

Dagegen sind bei Uebertragung der Feuerlösch-Polizei an die Stadt die Kosten des Feuerlöschwesens d. h. die Anstalt behufs Entdeckung und Unterdrückung eingetretener Feuersbrünste dem Staat nicht als Wiederausgabe anzurechnen, da diese Ausgaben im § 2 des Gesetzes vom 20. April 1892 zu den vom Staate in Städten mit Königlicher Polizei zu tragenden Ausgaben der örtlichen Polizeiverwaltung im Sinne des § 1 a. a. O. nicht gerechnet sind und auch nicht zu den im § 2 aufgeführten „besonderen Ausgaben im Interesse der örtlichen Polizeiverwaltung“ gehören.

Nr. 176.

Endurteil des II. Senats vom 3. Oktober 1893 (Entsch. Bd. XXV. S. 52).

1) Ueber die Kommunalsteuerpflicht kann in dem durch die staatliche Veranlagung eröffneten Verfahren nicht entschieden werden; denn es besteht keine Vorschrift, welche die von den staatlichen Veranlagungsbehörden in Ansehung der (subjektiven) Steuerpflicht der eingetragenen Genossenschaften getroffenen Entscheidungen für maßgebend und bindend erklärt für deren Heranziehung zur Gemeinde-Einkommensteuer. Insbesondere ist eine solche in § 3 Abs. 3 des Kommunalabgabengesetzes vom 27. Juli 1885 nicht enthalten. Der § 3 handelt lediglich von der Ermittelung des jährlichen Reineinkommens und bestimmt freilich im Abs. 3, daß es einer solchen da nicht erst noch bedarf, wo ohnedies eine Einschätzung zur Staatssteuer stattzufinden hat, daß in diesem Falle vielmehr das rechnerische Ergebnis der letzteren — die festgesetzte Steuerstufe — auch für die Gemeindebesteuerung maßgebend sein soll; dagegen läßt er die Frage der Steuerpflicht an sich völlig unberührt. Der § 18 Abs. 4 Zust.-Ges. ferner setzt Fälle voraus, in denen bei an sich unbestrittener Steuerpflicht der Gemeindezuschlag nur wegen der Höhe des ihm zu Grunde liegenden Prinzipalsteuersatzes angefochten wird.

2) Eine Bestimmung im Steuerregulativ, wonach die Veranlagungssätze für diejenigen „Steuerpflichtigen“, welche zur Staats-Einkommensteuer herangezogen sind, aus der Staatssteuerrolle unmittelbar übernommen werden, schließt den Einwand nicht aus, eine Kommunalabgabenpflicht des Herangezogenen bestehe überhaupt nicht. (Vergl. Bd. IX. S. 20 Entsch. d. O.-V.-G.) Ueber die Frage, ob die thatsächlichen Voraussetzungen der (subjektiven) Steuerpflicht gegeben oder nicht gegeben sind, hat der Verwaltungsrichter selbständig und unabhängig von den hinsichtlich der staatlichen Heranziehung ergangenen Entscheidungen zu befinden.

3) Zweck jeden Konsumvereins ist die Förderung der Wirtschaft des Genossen durch Konsumersparnis, die Möglichkeit des Bezuges billiger Lebensmittel und Wirtschaftsbedürfnisse seitens des Genossen nicht nur für seine Person, sondern auch für seine ganze Familie, seinen Haushalt (§ 1 des Genossenschaftsgesetzes vom 1. Mai 1889).

Jede durch Entnahme der Vereinsware, sei es zum späteren Verbrauch, sei es zum Genuß auf der Stelle, erzielte Ersparnis kommt der Wirtschaft der Genossen, dem Haushalt zu statten, gleichviel, ob sie durch den Haushaltungsvorstand für einen Haushaltungsangehörigen oder durch diesen selbst erfolgt. Der Verkauf eines Glases Bier an einen Soldaten genügt nicht, um daraus die Steuerpflicht herzuleiten. Vielmehr muß festgestellt werden, ob auch sonst noch an Nichtmitglieder ein Verkauf stattgefunden und ob davon der Vereinsvorstand Kenntnis gehabt hat oder doch hätte Kenntnis haben müssen.

Nr. 177.

Endurteil des II. Senats vom 22. September 1893 (Entsch. Bd. XXV. S. 58.)

1) Die Zinsen nicht eingetragener Schulden sind dann abzugsfähig, wenn die letzteren ihrer Natur und Entstehung nach zu dem Besteuerungsobjekte

in erkennbarer, unmittelbarer Beziehung stehen, und deren Zinsen wirtschaftlich von dem Ertrage abgehen, bevor derselbe als Reineinkommen erscheint. Ein derartiger unmittelbarer Zusammenhang ist da anzunehmen, wo entweder die Schuld durch den Erwerb des Grundstücks entstanden ist, oder der Besitz den Grund und Anlaß zu Ausgaben bildet, die ohne denselben nicht entstanden wären. Eine Aenderung dieses auf allgemeinen Principien beruhenden Rechtszustandes ist durch das Einkommensteuergesetz vom 24. Juni 1891 nicht herbeigeführt worden. Dieses ordnet in § 9 I. Nr. 2 für den Fall, daß keine Besteuerung des Gesamteinkommens eintritt, den besonderen Abzug der dort näher bezeichneten Schuldenzinsen von einzelnen Einkommensquellen an und zwar in der Weise, daß die Zinsen solcher Schulden abzugsfähig sein sollen, welche auf den besonderen Einnahmequellen haften. Eine derartige „Haftung“ ist aber auch dann vorhanden, falls die Schuld und die Zinsen nur in einem wirtschaftlichen Zusammenhange mit der Einnahmequelle stehen, und es wird ferner ein Zusammenhang der letzteren Art nicht nur dadurch hergestellt, daß etwa geliehene Gelder zur Melioration eines Grundstückes verwendet werden, sondern auch dadurch, daß aus denselben der beim Ankaufe zu entrichtende Preis gedeckt wird. Der Artikel 24 Nr. 5 Abs. 2 der Anweisung vom 5. August 1891 erkennt solches ausdrücklich an.

2) Bei der Besteuerung einer juristischen Person kommt jede der verschiedenen Einnahmequellen derselben für sich als Besteuerungsobjekt in Betracht und der Schuldenzustand oder die Unergiebigkeit der einen Quelle bleibt bei der Einschätzung des Einkommens aus der andern ohne Einfluß (vergl. Entsch. Bd. XV. S. 95). Besitzt eine juristische Person mehrere Grundstücke, so muß also das Einkommen für ein jedes derselben besonders ermittelt werden, und falls sich bei dem einen ein Defizit ergeben sollte, darf dasselbe auf den Ertrag der anderen Grundstücke nicht abgerechnet werden.

3) Wenn sich der Vermieter verpflichtet hat, gegen Empfang des Mietspreises, also ohne besonderen Ersatz seitens des Mieters, das Haushaltungswasser zu liefern und die Treppen zu beleuchten, so bilden die ihm hieraus erwachsenden Kosten ein Mittel, durch welches er den Mietspreis erst erwirbt, so daß von einem Reineinkommen aus dem vermieteten Grundstücke erst nach Abzug dieser Kosten die Rede sein kann. Handelt es sich um ein vom Eigentümer selbst benutztes Gebäude, so fragt es sich, ob bei Feststellung des Mietswertes des Hauses von einem Mietspreise ausgegangen ist, den der Eigentümer bei einer Vermietung mit Uebernahme der Treppenbeleuchtung und der Wasserlieferung voraussichtlich erhalten haben würde, oder von einem Mietspreise, der bezahlt worden wäre, falls der Vermieter sich diese Leistungen besonders vergüten läßt. Im ersteren Falle hat eine entsprechende Reduzierung des angenommenen Mietspreises stattzufinden.

Nr. 178.

Endurteil des II. Senats vom 14. November 1893 (Entsch. Bd. XXV. S. 62).

Die Zinsen nicht eingetragener Schulden können von dem Einkommen aus Grundbesitz dann abgerechnet werden, wenn die letzteren ihrer Natur und Entstehung nach zu dem Besteuerungsobjekte in erkennbarer, unmittelbarer Beziehung stehen, und deren Zinsen wirtschaftlich von dem Ertrage abgehen, bevor derselbe als Reineinkommen erscheint. Ein derartiger wirtschaftlicher

Zusammenhang existiert, falls der Kaufpreis eines Grundstücks kreditiert, oder falls aus ausgeliehenen Geldern der beim Ankaufe eines Grundstücks sofort zu bezahlende Preis gedeckt wird. Anders liegt jedoch die Sache hinsichtlich eines Darlehns, welches im Laufe der späteren Zeit zu dem Zwecke aufgenommen worden ist, um den anfänglich gestundeten Kaufpreis oder die behufs dessen sofortiger Tilgung früher kontrahierte Schuld abzutragen. Denn ein derartiges Darlehn ist nicht behufs des Erwerbs des betreffenden Grundstücks entstanden, weshalb hinsichtlich desselben auch nicht ein solcher Zusammenhang mit dem Grundstücke anerkannt werden kann, wie er nach dem Obigen für die erste — nicht mehr existierende — Schuld bestanden hatte.

Nr. 179.

Endurteil des II. Senats vom 12. Dezember 1893 (Entsch. Bd. XXV. S. 67).

Sowohl hinsichtlich der Kreis- als auch der Gemeindebesteuerung der Forensen sind Hypothekenschulden grundsätzlich als solche nur lediglich um dieser ihrer Eigenschaft willen zu denjenigen Belastungen zu rechnen, deren Zinsen der einzelnen Einnahmequelle dergestalt anhaften, daß sie zunächst aus deren Erträgen gedeckt werden müssen, von einem Reineinkommen also immer erst nach ihrem Abzuge die Rede sein kann (cfr. Entsch. Bd. II. S. 52 und 61, sowie Bd. XXIV. S. 117). Hieran ist auch nach Erlaß des Einkommensteuergesetzes vom 24. Juni 1891 festzuhalten. Gemäß § 3 Abs. 1 des Kommunalabgabengesetzes vom 27. Juli 1885 soll bei Ermittelung des Reineinkommens nach den für die Einschätzung zur Staatseinkommensteuer geltenden — und zwar jeweilig geltenden — Grundsätzen verfahren werden. Unter jenen Grundsätzen sind einmal die Vorschriften des Gesetzes vom 24. Juni 1891 selbst, sodann aber auch die auf Grund des § 85 daselbst erlassenen generellen Ausführungsanweisungen des Finanzministers zu verstehen — die letzteren, insoweit sie dem Ausbaue des Gesetzes und der Ausfüllung von Lücken desselben in einer dem bestehenden Rechte nicht widersprechenden Weise dienen. Auch können diejenigen Grundsätze der Staatssteuereinschätzung, welche bezüglich spezieller, aus dem Gesamteinkommen auszuscheidender Einkommen Platz greifen, für die kommunale Heranziehung der Forensen wohl verwertet werden. In dieser Hinsicht beschäftigt sich der § 9 I 2 des Einkommensteuergesetzes mit zwei besonderen Einkommensquellen und zwar im Abs. 1 mit den gemäß § 6 Nr. 1 und 2 a. a. O. bei der Veranlagung außer Acht zu lassenden Einnahmequellen, und im Abs. 2 mit dem im § 2 a. a. O. bezeichneten Einkommen für den Fall, daß sich die Besteuerung auf dasselbe beschränkt. Nach Abs. 1 das. sind bei der Besteuerung des Gesamteinkommens die von den Steuerpflichtigen zu zahlenden Schuldenzinsen und Renten nicht abzugsfähig, soweit dieselben auf den außer Betracht zu lassenden Einnahmequellen „haften". Nach Abs. 2 aber sollen bei der Besteuerung eines Spezialeinkommens lediglich die Zinsen solcher Schulden angerechnet werden dürfen, welche auf der inländischen Steuerquelle „haften oder für den Erwerb aufgenommen sind." Nach Art. 24[5] der Anweisung des Finanzministers vom 5. August 1891 wird ein wirtschaftlicher Zusammenhang zwischen den Zinsen und der Einnahmequelle verlangt, wobei vielleicht nicht mit völliger Sicherheit zu ersehen sein mag, ob ein solcher genügen oder aber ein hypothekarisches Band noch hinzutreten soll. Dagegen scheint es, daß das letztere noch nicht für ausreichend erachtet wird. Weiter ist in der Nr. 6 des Artikels 24 der Fall des ersten Absatzes des § 9 I 2 des Gesetzes behandelt worden, und zwar dahin, daß von dem steuerpflichtigen Einkommen derjenige Betrag an Schuldenzinsen, Renten und sonstigen Lasten nicht abgerechnet werden dürfe, welcher in Gemäßheit der unter Nr. 5 gegebenen Erläuterung wirtschaftlich auf jenen nichtpreußischen Quellen hafte. — Es macht daher den Eindruck, als ob in der Anweisung dem Umstande, daß in dem Abs. 1 des § 9 I 2 nur vom „Haften", jedoch in dem Abs. 2 sowohl vom „Haften", als auch vom „Aufnehmen für den Erwerb der inländischen Einkommensquellen" die Rede ist, keine weitere Bedeutung beigelegt worden, vielmehr beide Fälle der Nr. 2 gleichmäßig erledigt worden sind. Daß aber Hypothekenschulden auf dem Grundstücke „haften", kann einem Zweifel nicht unterliegen, sobald der Gläubiger befugt ist, sich behufs seiner Befriedigung an das verpfändete Grundstück zu halten und dieses dingliche Recht jedem Eigentümer desselben gegenüber ausüben kann.

Nr. 180.

Endurteil des II. Senats vom 7. März 1893 (Entsch. Bd. XXV. S. 72).

Die §§ 7 und 8 des Kommunalabgabengesetzes vom 27. Juli 1885 stehen nicht im Gegensatze zu den §§ 9 und 10 a. a. O., sondern sind mit den letzteren zu beachten. Der § 9 bestimmt, daß das außerhalb des Bezirkes der Wohnsitzgemeinde entstehende Einkommen außer Berechnung zu lassen sei. Vollzieht sich ein Gewerbebetrieb lediglich in fremden Gemeinden, so bedarf es nur der Feststellung der Höhe des aus demselben fließenden Einkommens, um dessen Abrechnung vornehmen zu können. Erstreckt sich dagegen der Gewerbebetrieb auch auf die Wohnortgemeinde, so muß das betreffende Einkommen zunächst auf die Wohnsitzgemeinde einerseits und auf die fremden Gemeinden andererseits verteilt werden; denn erst dadurch wird die Höhe des auswärtigen Einkommens festgestellt. Dabei ist gemäß §§ 7, 8 zu verfahren. Wenn auch § 7 seinem Wortlaute nach allein über die Verteilung desjenigen Einkommens disponiert, welches der Einkommensbesteuerung gemäß dem — die Wohnsitzgemeinde nicht betreffenden — § 1 unterliegt, so muß doch diese Vorschrift, da eine Verteilung erforderlich ist und der Gesetzgeber die im § 7 gegebene Norm als zur Vermeidung von Doppelbesteuerungen dienlich bezeichnet hat, analog auch auf den Fall angewendet werden, wenn die Wohnsitzgemeinde mit fremden Gemeinden in der Besteuerung konkurriert (vergl. Entsch. des O.-V.-G. Bd. XVIII. S. 90 und Bd. XX. S. 28).

Nr. 181.

Endurteil des II. Senats vom 19. September 1893 (Entsch. Bd. XXV. S. 77).

Nach der Entstehungsgeschichte kann es keinem Zweifel unterliegen, daß die Vorschrift des § 30 des Einkommensteuergesetzes vom 24. Juni 1891 den Zweck verfolgt, nicht etwa eine erhöhte Steuerveranlagung herbeizuführen, sondern zu der eigentlichen Veranlagung einen Strafzuschlag nur deshalb hinzuzufügen, weil der Steuerpflichtige die ihm bei der Ermittelung seines Einkommens obliegenden Verpflichtungen nicht erfüllt hat. Daraus ergiebt sich aber ohne weiteres, daß der Gemeindezuschlag nur von der eigentlichen Steuerveranlagung, nicht auch von dieser Strafe zu berechnen ist. Es ist deshalb unthunlich, in dem Zuschlage von 25% eine Erhöhung des Prinzipalsatzes zu erblicken, so daß als der der Kommunalbesteuerung zu Grunde zu legende Prinzipalsteuersatz der Staatssteuersatz, vermehrt um den Zuschlag, zu gelten hätte. Mag auch zugegeben sein, daß der Wortlaut des Gesetzes an und für sich eine andere Deutung nicht geradezu ausschließt, so führen doch die Vorgänge aus der Entstehungsgeschichte nahezu zwingend zu der gegenteiligen Auffassung.

Nr. 182.

Endurteil des II. Senats vom 12. Mai 1893 (Entsch. Bd. XXV. S. 80).

1) Schon der Beginn der Errichtung von Gebäuden macht den Eigentümer der Baugrundstücke im Sinne des § 15 des Baufluchtliniengesetzes vom 2. Juli 1875 beitragspflichtig. Die massive Fundamentierung eines Gebäudes stellt sich als Beginn eines Baues dar. Ist einmal auf diese Weise die Beitragspflicht des Adjacenten entstanden, so kann dieselbe durch einen späteren Entschluß, den Bau nicht fortsetzen zu wollen, keineswegs wieder beseitigt werden.

2) Nach § 15 l. c. kann durch Ortsstatut bestimmt werden, daß bei der Anlegung einer neuen Straße — nicht eines neuen „Straßenteils“ —, wenn solche zur Bebauung bestimmt ist, von den angrenzenden Eigentümern, sobald sie Gebäude an der neuen Straße errichten, die dort vorgesehenen Leistungen verlangt werden dürfen und es sollen dann bei Berechnung der Kosten diejenigen der gesamten Straßenanlage zusammengerechnet werden. Niemals darf aber an die Stelle dessen, was das Gesetz als „die gesamte Straßenanlage“ bezeichnet, ortsstatutarisch etwa eine ganz anders geartete, überhaupt nicht mehr unter diesen Begriff zu bringende Einheit gesetzt werden.

Nr. 183.

Endurteil des II. Senats vom 1. Juli 1893 (Entsch. Bd. XXV. S. 91).

1) Nach § 15 Fluchtliniengeſ. vom 2. Juli 1875 steht den Gemeinden die Befugnis zu, den an einer neuen Straße anbauenden Grundbesitzern die Kosten der Freilegung der Straße aufzuerlegen. Daß unter der Freilegung nicht etwa nur die Beseitigung der den Ausbau der Straße hindernden Anlagen, sondern auch der Ankauf der erforderlichen Grundflächen verstanden werden muß, steht in der Rechtsprechung fest. Nicht minder gehört aber zu derselben auch jede in anderer Weise erfolgende Beschaffung des notwendigen Grund und Bodens, so daß unter den Begriff der „Kosten der gesamten Straßenanlage“ alle Aufwendungen der Gemeinde für die Bereitstellung der Straßenfläche zu subsumieren sind. Daß das Gesetz nicht allein bares Geld, welches von der Gemeinde verausgabt wird, zu den „Kosten“ rechnen will, geht aus der Tendenz desselben hervor, nach welcher die Gemeinden durch die Anlegung von Straßen — abgesehen von dem notwendig wegen der nur allmählichen Bebauung der Straßen entstehenden Zinsverluste — finanziell nicht geschädigt werden, vielmehr befugt sein sollen, die völlige Herstellung der Straßen zu Lasten der angrenzenden Bauherren vorzunehmen. Demgemäß darf den Gemeinden nicht verwehrt werden, den Ersatz alles desjenigen, was sie aus ihrem Vermögen behufs der Straßenanlage hingegeben haben, herbeizuführen.

Wenn dem Worte „Kosten“ die vorbezeichnete beschränkte Bedeutung beizulegen wäre, so würde auch die — in anerkannter Geltung befindliche — Vorschrift vieler Ortsstatute, daß das von den Anliegern etwa unentgeltlich abgetretene Land nach seinem Werte bei der Kostenberechnung zu berücksichtigen sei, gesetzwidrig erscheinen. (cfr. auch Entsch. Bd. XIII. S. 165.)

2) Handelt es sich um Grundstücke, welche in früherer Zeit ohne Beziehung auf den schwebenden Straßenbau erworben sind, so hat die Gemeinde nicht die Wertobjekte, welche sie früher für den Erwerb hergegeben hat, sondern den jetzigen Wert ihres Grundeigentums, welchen sie behufs der Anlegung der Straßen verwendet, zur Erstattung zu liquidieren.

3) Der „Errichtung eines Gebäudes“ steht im allgemeinen die „Erweiterung“, „Vergrößerung“ des räumlichen Umfangs eines solchen gleich. Wenn auch hierunter die Anbringung nur eines Balkons oder eines Erkers nicht fallen wird, so ist dies doch anders bei einer sog. Veranda, welche einen fundamentierten, von allen Seiten mit Mauern umschlossenen und überdachten Raum bildet.

4) Eine Gemeinde darf Parks und gärtnerische Anlagen nach ihrem Belieben dem Publikum öffnen und schließen, so daß ihr Grundeigentum durch eine derartige Bestimmung noch keineswegs aufhört, ein Objekt zu sein, dessen voller Wert nach Verwandlung in eine städtische Straße den Anliegern zur Last gelegt werden kann. Einer hiervon verschiedenen Beurteilung unterliegen aber öffentliche Wege oder Plätze im Sinne des § 1 des Gesetzes vom 2. Juli 1875. Diese sind nicht der freien Disposition der Stadt überlassen, sondern unterstehen als Verkehrsanstalten, als polizeiliche Einrichtungen der Aufsicht der Wegepolizeibehörde. Wenn dieselben für die Anlegung einer neuen Straße benutzt werden, so vollzieht sich also eine Aenderung des sie beherrschenden Rechtsverhältnisses im Wesentlichen nicht; sie sind vor wie nach der Wegepolizeibehörde unterstellt, so daß die Gemeinde durch die Verwendung derselben zu der neuen Straße kein Opfer gebracht hat, also auch zu dem Verlangen eines Kostenersatzes nicht befugt ist. — Umgekehrt muß konsequenterweise, da die Stadt aus der Herstellung von Straßen keinen pekuniären Nutzen ziehen soll, der Wert von Wegeparzellen, welche anderweit disponibel geworden und von der Gemeinde genutzt werden können, bei der Feststellung der Ausgaben für den Straßenbau abgezogen und den Anliegern zu Gute gerechnet werden.

Nr. 184.

Endurteil des II. Senats vom 1. Juli 1890 (Entsch. Bd. XXV. S. 96).

1) Grundsätzlich können die Straßenherstellungskosten von den Adjazenten nur nach Fertigstellung der Straße gefordert werden. Indessen ist es auch zulässig, durch Ortsstatut zu bestimmen, daß, unbeschadet der nachträglichen Einforderung weiterer Kosten, auch schon solche für einzelne Straßeneinrichtungen, wie Trottoir, Kanalisation &c., vorab gefordert werden können (cfr. Entsch. Bd. XXII. S. 77). Nur müssen dann diese Kosten in sich abgeschlossen und vollendet, somit die „erste Einrichtung“ im Sinne des § 15 des Fluchtliniengesetzes thatsächlich hergestellt sein.

2) Die Frage, was zu den Kosten der ersten Einrichtung einer Straße gehört, bestimmt sich wesentlich danach, was bei der Aufstellung des Straßenprojekts nach den Intentionen der berufenen Organe als zur ersten Einrichtung

angesehen werden soll, dergestalt, daß, wenn die städtischen Behörden nur die Anlegung eines Schlackentrottoirs beschlossen hätten, die Anlieger auch nur verpflichtet wären, die Kosten für ein derartiges Trottoir zu tragen. Es kommt somit lediglich auf das Programm an, das für die Straßenanlage aufgestellt ist.

3) Ist seitens der Stadtgemeinde nur einstweilen bis zur Herstellung der ganzen übrigen Straßenarbeiten ein provisorischer einfacher Kiesfußsteig hergerichtet worden, so können diese letzteren Kosten nicht besonders, sondern erst mit der vollständigen Vollendung der definitiven Bürgersteigsanlage abgefordert werden.

Nr. 185.

Endurteil des II. Senats vom 24. October 1893 (Entsch. Bd. XXV. S. 101.)

1) Der Verwaltungsrichter ist verpflichtet, falls Beweis aus überreichten oder in Bezug genommenen Akten erhoben wird, den Parteien Gelegenheit zu dieser Akteneinsichtnahme zu geben, damit dieselben in die Lage kommen, über den Akteninhalt Erklärungen abzugeben und etwaigen ihnen nachteiligen Schlüssen, die aus den Akten gezogen werden könnten, entgegenzutreten. Wo dies versäumt ist, hat das ergangene Urteil gegen den fundamentalen, aus dem Verteidigungsrechte folgenden Prozeßgrundsatz verstoßen, daß keine Verurteilung auf einer Grundlage erfolgen darf, zu deren Anfechtung die Partei überhaupt nicht in der Lage gewesen ist. Ein solches Urteil unterliegt daher der Aufhebung, weil das Verfahren, auf dem es beruht, an einem wesentlichen Mangel leidet.

2) Der § 18 Abs. 2 der Revidierten Städte-Ordnung für Hannover vom 24. Juli 1858 verbietet keineswegs die Heranziehung zu einer Gemeindelast durch besondere Verfügung, sondern bestimmt nur, daß, wenn eine Rollenausschreibung stattfindet, die Rollen vor Ablauf der Auslegungsfrist nicht für vollstreckbar erklärt werden sollen. § 18 Abs. 2 spricht aber nur von Gemeindeabgaben und nicht auch von einer Naturalleistung wie Anlage von Bürgersteigen; auch das seit 1882 in Hannover geltende Gesetz vom 18. Juni 1840 über die Verjährungsfristen bei öffentlichen Abgaben, bezieht sich nicht auf Forderungen, deren Gegenstand keine fungible Sache, sondern eine Handlung ist.

3) Die hannoversche Wegeordnung vom 28. Juli 1851 bestimmt im § 24 die Ortsgemeinde zur wegebaupflichtigen Korporation hinsichtlich der Gemeindewege, also auch hinsichtlich der dem inneren Verkehr im Orte dienenden Wege und hat auch weiter verfügt, in welcher Weise die betreffenden Lasten von den Gemeindeangehörigen getragen werden sollen. Danach haben nach § 26 die Mitglieder der Gemeinde die zur Beschaffung der Wegepflicht erforderlichen Arbeiten zu verrichten und die baaren Beiträge aufzubringen, wobei weiter ausgesprochen ist, daß die Dienste, seien es Hand- oder Spanndienste, in Stadtgemeinden lediglich bei dringenden Fällen gefordert werden dürfen. § 27 ordnet an, in welcher Art die Arbeiten und Beiträge auf die Mitglieder der Ortsgemeinde verteilt werden sollen, und zwar prinzipaliter nach den in der Gemeinde bestehenden Vorschriften und Regeln, eventl. nach einem durch Gemeindebeschluß festzustellenden Maßstabe, sowie äußersten Falls nach dem für die Verteilung der Landstraßenpflicht bestimmten Fuße. Hier wird aber vorausgesetzt, daß die Gemeinde selber ihrer Wegebaupflicht dadurch

nachkommt, daß sie die Beiträge oder Arbeiten der ihr pflichtigen Personen dafür verwendet. Einen Gegensatz hierzu bildet das im § 29 behandelte System der Pfandwirtschaft, wonach die Verteilung der Wegelast unter die Mitglieder der Gemeinde nach Pfändern stattfindet. Bei diesem System, welches, wo es hergebracht war, auch ferner nicht ausgeschlossen sein soll, unterhält die Gemeinde den Weg nicht selbst, sondern erfüllt ihre Wegebaupflicht in der Weise, daß sie den Besitzern pflichtiger Grundstücke bestimmte Grundstücke überweist, damit diese Interessenten nicht etwa der Gemeinde gegenüber sich einzelnen Leistungen unterziehen, sondern die betreffenden Wegepfänder völlig unterhalten, und zwar mittelst Abtragens einer Realgemeindelast. Derartige Pfandwirtschaften können aber nicht auf Grund des § 27 Abs. 3 durch Beschlüsse der städtischen Behörden nach freiem Ermessen eingeführt werden; andernfalls die Vorschrift im § 29, welcher nur die Fortsetzung des Pfand- und Anschlußprinzipes, wo solches hergebracht war, zugelassen hat, keine Bedeutung hätte. Deshalb kann ein im Wege des Ortsstatuts beschlossenes Anschlußprinzip nur dann von rechtlicher Wirksamkeit sein, wenn es am 1. Mai 1855 — dem Inkrafttreten der Wegeordnung vom 28. Juli 1851 — hergebracht und auch thatsächlich in Uebung gewesen ist.

3) Allerdings kann durch eine Polizei-Verordnung oder durch ein Gemeinde-Regulativ das Bestehen einer Uebung und einer Observanz nachgewiesen werden. Dazu gehört indes, daß durch die Verordnungen jenes Bestehen bezeugt, also ausgesprochen werde, es habe, wenn es sich um eine Auflage handelt, diese schon früher die jetzt in Anspruch genommene Person belastet.

Zum Beweise eines Gewohnheitsrechts sind zwar Nachforschungen von Amtswegen nicht ausgeschlossen, um die Existenz eines derartigen angeblichen Lokalrechts festzustellen. Es muß jedoch von demjenigen, welcher ein solches Lokalrecht für sich geltend macht, erwartet werden, daß er dem Richter geeignete Mittel der Forschung an die Hand giebt.

4) Der § 18 Zust.-Ges. beruft ohne Beschränkung den Verwaltungsrichter auch zu der Prüfung, ob die Naturalleistung, z. B. Bürgersteigsanlage, zu welcher der Pflichtige herangezogen worden ist, erforderlich war, indem es sich hierbei nicht um Dienste handelt, die nach einem gewissen Maßstabe unter sämtliche Verpflichtete zu verteilen sind. Der einzelne Eigentümer, welcher in Anspruch genommen wird, vermag den Mangel eines Bedürfnisses einer Reparatur der Gemeinde gegenüber ebenso geltend zu machen, wie diejenige Persönlichkeit, welche der Wegepolizeibehörde gegenüber pflichtig ist, in dem durch § 56 Zust.-Ges. vorgesehenen Verfahren die Notwendigkeit der Anordnung der Wegepolizeibehörde bestreiten darf.

Nr. 186.

Endurteil des II. Senats vom 5. Dezember 1893 (Entsch. Bd. XXVI. S. 37).

1) Für die Frage der subjektiven Gemeindesteuerpflicht der Berggewerkschaften ist auch noch nach dem Erlaß des Einkommensteuergesetzes vom 24. Juni 1891 nur der § 1 des Kommunalabgabengesetzes vom 27. Juli 1885 entscheidend. Erst wenn diese Pflicht feststeht, kommen hinsichtlich der Höhe der Steuer die Vorschriften des § 3 des Kommunalabgabengesetzes und damit diejenige des Einkommensteuergesetzes vom 24. Juni 1891 zur Anwendung.

Der § 16 des letzteren Gesetzes bestimmt nicht einmal für die staatliche Besteuerung, vollends also nicht für diejenige der Gemeinden, wer pflichtig sei. Während hinsichtlich der Verbindlichkeit zur Entrichtung von staatlicher Einkommensteuer die §§ 1—4 des Einkommensteuergesetzes disponieren, beschäftigt sich dessen § 16 vielmehr lediglich mit der Art, wie das steuerpflichtige Einkommen der Aktiengesellschaften u. s. w. dem Staate und unter Umständen auch den Gemeinden gegenüber festzustellen sei.

2) Unrichtig ist die Ansicht, daß auf Grund des § 52 der westfälischen Städteordnung vom 19. März 1856 jede Staatssteuer mit Zuschlägen belastet werden dürfe.

3) Die Steuerpflicht hängt von der Beantwortung der Frage ab, ob die herangezogenen Personen im Bezirke der besteuernden Gemeinde Bergbau betreiben oder Bergbau haben, dagegen kommt es nicht darauf an, daß der Sitz derselben sich in jener Gemeinde befindet, denn es gilt als Voraussetzung, daß eine Steuerpflicht überhaupt schon anerkannt ist.

4) „Bergwerkseigentum“ ist mit dem Grundbesitz nicht zu identifizieren, ebensowenig ist jener Ausdruck gleichbedeutend mit „Bergwerk.“

5) Nach neuerem Rechte ist diejenige Gewerkschaft, welche einer anderen ihr Grubenfeld mittels Lösungs- (Pacht-) Vertrages zur Ausbeutung überläßt, d. h. in der Weise, daß ihr selbst nur das Bergwerkseigentum verbleibt, von der dafür bezogenen Vergütung nicht abgabenpflichtig, sei es in der Sitz- oder Belegenheitsgemeinde.

Nr. 187.

Endurteil des II. Senats vom 12. Dezember 1893 (Entsch. Bd. XXVI. S. 44).

1) Die von den Kommunen zu öffentlichen Zwecken gehaltene Einrichtungen und Anstalten dienen in den weitaus meisten (also nicht in allen) Fällen keineswegs nur dem Nutzen der einzelnen Gemeindemitglieder, sondern werden, wie die Be- und Entwässerungsanstalten, die Märkte, die Kommunikationsanlagen naturgemäß zugleich für die Zwecke der Gemeinde selbst verwendet. Deshalb muß auch die Gemeinde zu den Kosten beitragen.

2) Einrichtungen, welche vorzugsweise einer bestimmten Kategorie von Einwohnern nützen, können durch Beiträge (Gebühren) dieser Einwohnerklasse unterhalten werden.

3) Die Inanspruchnahme einer städtischen Einrichtung kann ebensowohl auf Zwang beruhen, wie freiwillig erfolgen; dieser Umstand hat also auf die Gebührenqualität keinen Einfluß. Nur für die Benutzung soll die Gebühr das Entgelt abgeben.

4) Bei der Einrichtung eines städtischen Straßen-Reinigungs-Instituts können die Straßenadjazenten, wenn sie polizeilich für die Reinigung bisher hafteten, auch weiter für verpflichtet erachtet werden. Geht die Haftung über auf die Gemeinde, so können die Anlieger zur Entrichtung einer entsprechenden Gebühr verpflichtet werden, d. h. mit ministerieller Zustimmung.

Nr. 188.

Endurteil des II. Senats vom 9. Januar 1894 (Entsch. Bd. XXVI. S. 53).

1) In den Stadtgemeinden der Provinz Brandenburg können mittels Ortsstatuts die Straßenadjazenten im Allgemeinen zwar verpflichtet werden, behufs der

Entwässerung ihrer Grundstücke an die städtische Kanalisationsanlage sich anzuschließen, und für eine solche Benutzung dieser Anlage eine entsprechende Abgabe zu entrichten, indessen darf dieser Grundsatz nicht dahin aufgefaßt werden, daß die städtischen Grundbesitzer durch Ortsstatut in der Wahl der zur Entwässerung der Privatgrundstücke dienenden Mittel beschränkt und ihnen als einzige Entwässerungsart die Benutzung des städtischen Kanalnetzes im Wege des Anschlußzwanges auferlegt werden könnte, denn damit würde in die Privatwirtschaft der Korporationsmitglieder eingegriffen werden. Dasselbe gilt von den Gasanstalten und Elektrizitätswerken, hinsichtlich deren dem einzelnen nicht ein Aufwand zugemutet werden darf, dessen Erfolg derselbe sich vielleicht mit sehr viel geringeren Mitteln auf anderem frei gewähltem Wege zu sichern in der Lage wäre.

2) Der von der Kommune angestrebte Zweck würde sich also im Wege des Ortsstatutes allein nicht erreichen lassen, sondern nur mit Hülfe des Staates durch eine Orts-Polizeiverordnung, deren Erlaß der Kommune nicht zusteht.

3) Der Erlaß von Polizeiverordnungen folgt durchweg nach dem Gesetze über die Polizeiverwaltung vom 11. März 1850 andern Regeln, als die Anordnung der Ortsstatuten.

Nr. 189.

Endurteil des II. Senats vom 20. Juni 1894 (Entsch. Bd. XXVI. S. 57).

In einer hannoverschen Stadt besteht seit 1889 ein von dem Bezirksausschuß bestätigtes Statut, demzufolge von allen im Stadtbezirke belegenen Grundstücken und Gebäuden, insoweit dieselben nach Maßgabe der Gesetze zu den Gemeindeabgaben herangezogen werden können, eine Grund- und Gebäudeabgabe als öffentliche auf den Grund und Boden gelegte Gemeindeabgabe erhoben wird. Zu diesen Abgaben können auch nicht-physische Personen herangezogen werden, z. B. eingetragene Genossenschaften.

Nr. 190.

Endurteil des II. Senats vom 16. Juni 1894 (Entsch. Bd. XXVI. S. 60).

1) Dem Satze in § 1 des Gesetzes vom 18. Juni 1840: „Für verflossene Jahre wird keine Rückzahlung gewährt", kommt nur die Bedeutung zu, daß eine Reklamation ohne Wirkung bleibt für die Zeit, welche hinter demjenigen Jahre zurückliegt, in Ansehung dessen sie erhoben worden ist. Dagegen ist die Ansicht nicht zutreffend, daß dem Zensiten, wie zeitig auch immer er Einspruch erhoben und dessen Anerkennung durchgesetzt hätte, gleichwohl die Rückzahlung schon dann überhaupt versagt werden müßte, wenn sie einmal thatsächlich sich über das Steuerjahr hinaus hinzog.

2) Die dem Zensiten günstige Entscheidung äußert nicht eine weitere in die Vergangenheit zurückreichende Wirkung, es erfolgt also die Ermäßigung oder Befreiung — selbst wenn in früheren Jahren die Verhältnisse nicht wesentlich anders gelegen haben sollten — doch nur für das laufende Jahr.

Nr. 191.

Endurteil des II. Senats vom 2. Juni 1894 (Entsch. Bd. XXVI. S. 67).

Zu dem bei der Einkommenbesteuerung in der Wohnsitzgemeinde zu Gunsten der Forensalgemeinde außer Berechnung zu lassenden Einkommen aus

Grundeigentum oder Bergbau gehört nicht das Einkommen aus Kuxen älteren Rechtes.

Nr. 192.

Endurteil des II. Senats vom 6. Juni 1894 (Entsch. Bd. XXVI. S. 70).

1) Die Voraussetzungen eines Aufgebens des Wohnsitzes: Die Absicht zurückzukehren (animus revertendi sagt man nicht von Menschen, sondern nur von Tieren) spricht im konkreten Falle gegen die Aufgabe eines einmal begründeten Wohnsitzes, nicht aber läßt sich nach Lage des bestehenden Rechtes behaupten, daß zum Aufgeben eines einmal begründeten Wohnsitzes überall notwendig der positive animus non revertendi gehöre. Es ist sehr wohl möglich, und zwar nach altländischem, wie nach rheinischem Rechte, daß das Domizil aufgegeben wird, obwohl es an der Entschließung, den Ort niemals (!) wieder als Wohnort aufzusuchen, durchaus fehlt.

2) Das bloße Mieten einer Wohnung ist noch kein „Innehaben" derselben, Räume, die nur zur Aufbewahrung der Möbel dienen, sind noch keine Wohnung.

3) Nach allgemeinem älteren Rechtszustande gehört zur Begründung, zum Haben und Beibehaltung eines Wohnsitzes einmal der Wille, einen bestimmten Ort zum dauernden Aufenthalt und Mittelpunkt der Lebensverhältnisse zu machen und außerdem die Verwirklichung dieses Willens durch entsprechendes Handeln, sowie, daß zum Aufgeben eines Wohnsitzes, ebenso wie im Römischen Recht Kriterien verlangt werden, die im direkten Gegensatze zu jenen für die Begründung eines Wohnsitzes erforderlichen Voraussetzungen stehen.

4) Besondere Vorschriften über diesen Gegenstand bestehen in der Rheinprovinz. (Ges. v. 30. Juni 1884. — G. S. S. 307.)

Nr. 193.

Endurteil des II. Senats vom 9. Mai 1894 (Entsch. Bd. XXVI. S. 78).

Für die Straßenherstellungskosten kann die Beitragspflicht der an die Straße grenzenden Eigentümer festgestellt werden, aber nicht für den Fall, daß die neue Anlage durch einen Unternehmer erfolgt.

Insbesondere ist dies auch nicht auf dem Wege zulässig, daß die Ausführung für des Unternehmers Rechnung im öffentlichen Interesse von der Gemeinde selbst übernommen wird.

C. Verhältnisse der städtischen Kommunalbeamten.

(Einzuschalten auf S. 15 des Ergänzungsbandes 1893.)

Nr. 11.

Endurteil des II. Senats vom 2. Mai 1894 (Entsch. Bd. XXVI. S. 28).

1) Auch in den neuerworbenen Landesteilen, z. B. in der Provinz Schleswig-Holstein, bedarf nach der Verordnung vom 20. September 1867 die Ernennung aller Polizeibeamten, deren Anstellung den Gemeindebehörden zusteht, der Bestätigung der Staatsregierung, jedoch mit der Einschränkung, daß die von der Gemeinde anzustellenden Polizeibeamten, welche nur zu

mechanischen Dienstleistungen verwendet werden, der Bestätigung der Regierung nicht bedürfen.

2) Wenn es auch schwierig sein mag, den Begriff der rein mechanischen Dienstleistungen nach der Richtung abzugrenzen, wo zu den Handleistungen entweder die Denkthätigkeit hinzutreten muß, oder eine gewisse spezielle technische Vorbildung erforderlich ist, so findet doch in allen Fällen die mechanische Thätigkeit da ihre Grenze, wo die Funktionen nur nach freier, selbständiger Bestimmung und Entscheidung wahrgenommen werden können.

3) Nachtwächter gehören nicht zu den Beamten, welche nur zu mechanischen Dienstleistungen verwendet werden, etwa wie die Wärter, Boten, Ofenheizer, Pförtner u. drgl., d. h. Personen, welche sich lediglich in einem Kreise und auftragsmäßig vorzunehmenden geringen Hülfleistungen bewegen.

4) Das Gesetz vom 21. Juli 1892, betreffend die Besetzung der Subaltern- und Unterbeamtenstellen in der Verwaltung der Kommunalverbände mit Militairanwärtern, steht in gar keinem Zusammenhange mit der Bestätigungsfrage.

D. Städtische Wahlen.

(Einzuschalten auf S. 15 des Ergänzungsbands 1893).

Nr. 27.

Endurteil des II. Senats vom 17. Oktober 1893 (Entsch. Bd. XXV. S. 7).

Die Städteordnung für die Provinz Westfalen vom 19. März 1856 überläßt im Einklang mit der Städteordnung für die östlichen Provinzen im § 23 lediglich dem pflichtmäßigen Ermessen des Magistrats, unter Berücksichtigung der besonderen örtlichen Verhältnisse die Länge der Wahlzeit zu bestimmen. Wenn es auch dem Gesetze entspricht, für die Wahlen zur Gemeindevertretung nur einen Zeitpunkt als Anfangstermin festzusetzen, empfiehlt es sich doch aus praktischen Gründen, durch Bestimmung einer zweiten Stunde als Endtermin den Wählern bekannt zu geben, wie lange ein Entgegennehmen der Stimmen erfolgen werde. Die Anzahl der Wähler ist hierbei nicht allein bestimmend.

Einen Anspruch darauf, daß der einzelne ohne jede Unbequemlichkeit und ohne jedes Opfer an Zeit zur Ausübung des Wahlrechts gelange, steht keinem Wähler zu.

Wenn auch durch die Wahl der unverfälschte Wille der Wähler zum freien Ausdruck gelangen soll, so wird auch hiergegen in keiner Weise verstoßen, wenn eine größere oder geringere Anzahl von Wählern, anstatt die mehr oder minder mit jeder Wahl verknüpften Opfer an Zeit und Bequemlichkeit zu bringen, es selbst vorgezogen hat, das Wahllokal unter Abstandnahme von der Wahl zu verlassen. Hieraus ist lediglich zu folgern, daß dieselben freiwillig sich ihres Wahlrechts begeben haben.

Nr. 28.

Endurteil des II. Senats vom 3. November 1893 (Entsch. Bd. XXV. S. 20).

1) Die Annahme, daß die Stadtverordneten-Versammlung nicht berechtigt sei, von Amts wegen, sondern nur auf Einspruch über die Gültigkeit der Wahlen zu prüfen, ist rechtsirrtümlich. Der § 10 des Zust.-Ges. hat zwar

in Nr. 1 zur Voraussetzung eine Beschwerde oder einen Einspruch, nicht aber in Nr. 2; stellt ferner Abs. 2 a. a. O. eine Frist für den Einspruch fest, so folgt daraus nur, daß außerdem auch der Einspruch zulässig ist. Im übrigen ist die Stadtverordneten-Versammlung gemäß §§ 10 und 11 Zust.-Ges. an Stelle der früheren Aufsichtsbehörde — Regierung — getreten, welcher nach § 26 der Rheinischen Städte-Ordnung, ebenso wie nach § 27 der Städte-Ordnung vom 30. Mai 1853 ein Prüfungsrecht in Beziehung auf die Stadtverordnetenwahlen im Falle erheblicher Unregelmäßigkeiten von Amts wegen zustand. Der Beschluß der Gemeindevertretung mit nachfolgendem Klagerecht bedarf keiner weiteren Bestätigung oder Genehmigung (vergl. v. Brauchitsch, Kommentar zu § 10 Note 20, § 11 Note 24 Zust.-Ges., Oertel, Städte-Ordnung zu § 27).

2) Der Landrat übt nicht die Aufsicht des Staates über die Städte aus. Deshalb kann aus § 16 Nr. 1 der Rheinischen Städte-Ordn. allein hieraus ein Grund für die Ungültigkeit der Wahl eines Kreisdeputierten als Stellvertreter des Landrats nicht abgeleitet werden. Allerdings hat der Landrat nach § 32 der Kreis-Ordnung für die Rheinprovinz vom 30. Mai 1887 die Polizeiverwaltung in den Stadtgemeinden zu überwachen. Dies fällt aber noch nicht unter die durch § 7 Zust.-Ges. umgrenzte Aufsicht des Staates über die Verwaltung der städtischen Gemeindeangelegenheiten.

3) Von der Wahl zum Gemeinde-(Stadt-)Verordneten sind nicht nur die Polizei-*Executiv*beamten, sondern nach den gleichlautenden allgemeinen Bestimmungen der Städte-Ordnungen jede Art von Polizeibeamten ausgeschlossen. Der Landrat gehört zweifellos zu den Polizeibeamten, deshalb findet auf ihn die Ausschluß-Bestimmung im § 16 No. 6 der Rhein. Städte-Ordn. Anwendung.

4) Die Rheinische Städte-Ordnung handelt im Titel II von der Zusammensetzung und Wahl der Stadtverordneten-Versammlung. Zunächst wird daselbst über die Zahl der Mitglieder (§ 11) und über die Abteilungsbildung ꝛc. (§§ 12 bis 14) Bestimmung getroffen. Im Zusammenhang damit ergehen aber auch mehrere Bestimmungen, die das active Wahlrecht und die passive Wählbarkeit berühren. Der § 15 schreibt vor, daß die Hälfte der von jeder Abteilung zu wählenden Stadtverordneten aus Hausbesitzern bestehen muß und der § 16 führt dann diejenigen Personen auf, welche *nicht* Stadtverordnete sein können, während der § 17 davon handelt, unter welchen Voraussetzungen eine Wahl ihre Wirkung verliert oder doch vorübergehend der Gewählte von der Teilnahme an den Geschäften der Stadtverordneten-Versammlung ausgeschlossen ist. Beachtet man diese Stellung des § 16, so leuchtet ein, daß der Gesetzesausdruck „Stadtverordnete können nicht *sein* . . .“ nicht auf einen späterer Zeitpunkt und überhaupt nicht auf die Frage der Fähigkeit zur dereinstigen Function bezogen werden darf, sondern nur direct auf denjenigen Moment, da die Wahl selbst erfolgt. Nach diesem allein bestimmt sich die Frage der Wählbarkeit. Jede Beziehung auf einen späteren Zeitpunkt — sei es der des Beschlusses über die Gültigkeit der Wahl, sei es der gesetzliche Beginn der Verrichtungen nach § 27 Städte-Ordn., sei es die thatsächliche Einführung — würde Zustände, welche gerade durch die Wahl thunlichst festgelegt werden sollen, zu so unsicheren und unbeständigen machen, daß mit einer zu solchen Konsequenzen führenden Intention des Gesetzgebers überhaupt nicht gerechnet werden darf. — Dafür, daß die Ausnahmen des § 16 sich lediglich auf die Wählbarkeit und nicht auf das spätere Fungieren als Stadtverordneter

beziehen, spricht deutlich eine spätere Redaction der Städte-Ordnung in den entsprechenden Bestimmungen, nämlich das Gesetz, betr. die Verfassung und Verwaltung der Städte und Flecken in der Provinz Schleswig-Holstein vom 14. April 1869. Der dortige Titel IV (von der Stadtv.-Versammlung) hat die Bestimmungen über das active und passive Wahlrecht unter der besonderen Ueberschrift „Wahlbefähigung" zusammengefaßt und bestimmt in § 38: „Ein jeder Bürger, welcher . . . zur Ausübung des Wahlrechts befugt ist, ist . . . . zum Stadtverordneten . . . . wählbar; jedoch können Stadtverordnete nicht sein . . . . die Polizeibeamten." Diese Fassung bringt fast unmittelbar den Ausdruck, daß die Polizeibeamten zu Stadtverordneten überhaupt nicht wählbar, keineswegs etwa nur von der Befugnis, als solche zu fungieren, oder das Amt anzutreten, ausgeschlossen sind. Versteht man aber das Gesetz in diesem Sinne, so fehlt den am Wahltage im Amt befindlichen Polizeibeamten geradezu die Wählbarkeit.

5) Ein Kreisdeputierter wird nach Vorstehendem nicht schon, wie der Landrat und der Kreissecretair als dessen regelmäßiger gesetzlicher Vertreter, von vornherein als Polizeibeamter anzusehen sein. (Vergl. Entsch. Bd. XIII. S. 78.) Nach § 31 Kr.-Ord. für die Rheinprovinz vom 30. Mai 1887 werden behufs Stellvertretung des Landrats von dem Kreistage aus der Zahl der Kreisangehörigen zwei Kreisdeputierte gewählt, welche nach der Bestätigung zu vereidigen sind. Damit ist aber nur die Qualifikation zur Stellvertretung gegeben und es bleibt zunächst dahingestellt, ob der Deputierte zu dem Amte der Stellvertretung, falls es überhaupt jemals einer solchen bedarf, berufen wird. (Vergl. Entsch. Bd. X. S. 24.) Wird aber einmal der Kreisdeputierte thatsächlich zum Stellvertreter des Landrats bestellt, so ist er in vollem Umfange zur Ausübung des Amts berufen und damit ebenso wie der Landrat Polizeibeamter, mithin auch in diesem Zeitpunkt als Stadtverordneter nicht wählbar.

Nr. 29.

Endurteil des I. Senats vom 29. November 1893 (Entsch. Bd. XXV. S. 119).

1) Zur Klage mit dem Ziel auf Anfechtung der Gemeinde- resp. Stadtverordnetenwahlen ohne vorgängigen Einspruch ist nach § 28 Abs. 2 Zust.-Ges. nur der Magistrat berechtigt, nicht aber der Bürgermeister für seine Person.

2) Zur Stadtverordnetenwahl haben alle in der Bürgerliste eingetragenen Wähler Zutritt. Wenn daher solche Wähler, die vom Magistrat in die offengelegte Liste eingetragen und nicht durch die auf erhobene Einwendung getroffene Entscheidung mit Zustimmung der Gemeindeverordneten gestrichen sind, von der Wahl ausgeschlossen wurden, so sind diese Wahlen insoweit ungültig, als ihr Ausschluß das Wahlresultat hätte beeinflussen können.

3) Die Fassung des § 27 Nr. 1 Zust.-Ges. wäre glücklicher gewählt, wenn sie lautete: Die Gemeindevertretung beschließt: Nr. 1 „auf Beschwerden und Einsprüche, betreffend den — die — sowie „betreffend" oder „gegen" die Richtigkeit der Gemeindewählerliste, anstatt „über" die Richtigkeit der Gemeindewählerliste. Denn nur über Einwendungen gegen die Liste und nicht über die Wählerliste an sich soll die Gemeindevertretung nach dem Sinne des Gesetzes beschließen. Andernfalls würden der Gemeindevertretung in den Landgemeinden größere Befugnisse zustehen als den Stadtverordneten nach § 10

ibidem eingeräumt sind und den Landgemeinden seit dem Jahre 1876 nur zugestanden hatten.

4) Ein mündlicher Einspruch im Sinne des § 27 Abs. 2 gegen die Richtigkeit der Wählerliste, dahin gehend: „die Listen enthalten viele Unrichtigkeiten“ ist ungültig, da diese allgemeine Behauptung weder die Unrichtigkeit der Liste, noch auch Anhaltspunkte für deren Berichtigung darzulegen geeignet ist. (Entsch. Bd. XIII. S. 71.)

Nr. 30.

Endurteil des II. Senats vom 27. Februar 1894 (Entsch. Bd. XXVI. S. 20).

1) Bei der Wahl der Stadtverordneten in der Provinz Westfalen sind nach der dort geltenden Städte-Ordnung vom 19. März 1856 teilnahmeberechtigt auch nicht physische Personen, aber nur unter der Voraussetzung, daß sie bereits seit einem Jahre in dem überhaupt erforderlichen Maße besteuert sind.

2) Die beiden Ausdrücke im § 8 „Besteuertsein“ und „Entrichten der Steuer“ sind gleichbedeutend, auch durch die Worte „seit einem Jahre“ können Zweifel nicht entstehen.

3) Auf den Einwand, daß Jemand in der betreffenden Stadt mit Unrecht zur Staats-Einkommensteuer veranlagt sei, kommt es in der Regel nicht an, weil nach dem Gesetze lediglich die Thatsache der Veranlagung bezw. die Entrichtung der Steuern in der betreffenden Stadtgemeinde entscheidet.

Nr. 31.

Endurteil des II. Senats vom 23. Mai 1894 (Entsch. Bd. XXVI. S. 24).

1) Die Legitimation zu der Klage, betreffend Besitz oder Verlust des Rechtes zur Bekleidung der (den Besitz des Bürgerrechtes voraussetzenden) Stelle eines Stadtverordneten ist abhängig von dem Besitze des Bürgerrechtes. Die beschließende Thätigkeit hat in diesen Fällen die Gemeindebehörde auszuüben.

2) Nur in Bezug auf den Gemeindevorstand ist in dem § 11 des Zuständigkeitsgesetzes vom 1. August 1883 die Klage im Verwaltungsstreitverfahren eingeführt worden. Darüber hinaus kann ein solches Klagerecht weder den Gemeindemitgliedern überhaupt, noch den stimmfähigen Bürgern insbesondere eingeräumt werden. Soweit dieselben eine Verletzung des öffentlichen Rechtszustandes wahrzunehmen glauben, würden sie auf eine Anregung der Offizialthätigkeit mittels einer Vorstellung bei der Gemeindebehörde beschränkt bleiben, wogegen dann nur die Beschwerde an die Kommunalaufsichtsbehörden gestattet sein würde.

E. Besondere Angelegenheiten der Stadtgemeinde.

(Einzuschalten auf S. 179 des Stammwerks II. Auflage.)

Nr. 4.

Endurteil des II. Senats vom 20. Juni 1894 (Entsch. Bd. XXVI. S. 33.)

1) Die Wirkung einer Bezirksveränderung, z. B. einer Eingemeindung, ist die Rechtsnachfolge. Jede Bezirksveränderung bezweckt einen Wechsel in

den Trägern der bestehenden Rechte und Pflichten, nicht aber liegt es a priori im Begriffe und im Zwecke der Bezirksveränderung, neue Rechte und Pflichten zu schaffen. Zwischen dem alten (vor der Bezirksveränderung vorhanden gewesenen) öffentlich-rechtlichen Zustande (der durch die Bezirksveränderung geschaffen wird) findet das Rechtsverhältnis der Rechtsnachfolge statt. So wird auch ein Besteuerungsrecht durch eine Eingemeindung von der alten Gemeinde auf die neue übertragen, gleichviel ob dasselbe schon ausgeübt worden ist und kann von der neuen Gemeinde im vollen Umfange geltend gemacht werden.

2) Hatte der neu angeschlossene Ortsteil früher eine selbständige kommunale Existenz, so konnte derselbe auch als eine Wohnsitzgemeinde angesehen werden, indessen nach der vollzogenen Eingemeindung in eine Nachbargemeinde ist die Eigenschaft der Wohnsitzgemeinde auf die neue zusammengesetzte kommunale Körperschaft übergegangen. Dies ergiebt sich aus der Natur des Eingemeindungsvertrages, welcher in diesem Sinne eine rückwirkende Kraft hat.

F. Aufsichtsbehörden.

(Einzuschalten auf S. 179 des Hauptwerks, II. Aufl.)

Nr. 1.

Endurteil des II. Senats vom 9. Mai 1893 (Entsch. Bd. XXV. S. 46.)

1) Die Grenzen des dem Regierungspräsidenten durch § 7 Zust.-Ges. übertragenen staatlichen Aufsichtsrechts über die Stadtgemeinden sind weder in der Städte-Ordnung noch in dem Zust.-Ges. fest bestimmt und geregelt. In der Theorie und Praxis ist dem Aufsichtsrechte des Regierungs-Präsidenten, soweit ihm nicht durch Spezialbestimmungen Schranken gezogen sind oder die Zuständigkeit anderweit geregelt ist, die Ausdehnung gegeben worden, welche § 139 Städte-Ordnung von 1831 als Ausflüsse des staatlichen Oberaufsichtsrechts bezeichnet. Die Aufsichtsbehörde ist danach auch heute noch so berechtigt, wie verpflichtet dafür zu sorgen, daß die Verwaltung fortwährend in dem vorgeschriebenen Gange bleibe und angezeigte Störungen beseitigt werden. — Die Verwaltung einer Stadtgemeinde kann aber ohne Einschreiten der Aufsichtsbehörde nicht in dem vorgeschriebenen Gange bleiben, wenn ein Magistrat in Folge persönlicher privater Beteiligung seiner Mitglieder beschlußunfähig wird und nach Lage des Gesetzes ein Beschluß gefaßt werden muß.

2) Der § 17 Zust.-Ges. beruft zwar den Bezirksausschuß dazu, in gewissen städtischen Angelegenheiten zu beschließen, so u. a. auch „an Stelle der Gemeindebehörden, im Falle ihrer durch widersprechende Interessen herbeigeführten Beschlußunfähigkeit", vorausgesetzt ist aber immer hierbei, daß die Thätigkeit des Bezirksausschusses überall nur und allein da eintritt, „soweit die Beschlußfassung nach den Gemeindeverfassungsgesetzen der Aufsichtsbehörde zusteht".

3) Während der § 44 Städte-Ordnung genau vorschreibt, wie es gehalten werden soll, wenn eine Stadtverordneten-Versammlung wegen persönlicher Beteiligung ihrer Mitglieder beschlußunfähig wird, fehlt es im § 57 a. a. O. an einer konformen Bestimmung hinsichtlich des Magistrats. Eine analoge Anwendung der Bestimmungen des § 44 auf Fälle des § 57 ist aber ausgeschlossen, da es sich um das Gebiet der Zuständigkeit handelt.

4) Ist der Magistrat infolge persönlicher Beteiligung seiner Mitglieder

in einem bestimmten Falle beschlußunfähig, erübrigt nur von Aufsichts wegen durch den Regierungspräsidenten einen Kommissar ad hoc zu ernenneu und diesem die Beschlußfassung für den Magistrat zu übertragen.

Nr. 2.

Endurteil des I. Senats vom 13. Mai 1893 (Entsch. Bd. XXV. S. 111.)

Nach § 93 Nr. 1 der hessischen Gemeindeordnung vom 23. Oktober 1834 hat die Aufsichtsbehörde — Reg.=Präsident — das Recht, auch gegen den übereinstimmenden Beschluß des Gemeindeausschusses zur Abwendung von Störungen des Geschäftsganges eine Erhöhung unzulänglicher Gehälter der Gemeindebeamten, sobald der zeitige Inhaber das Amt niederlegt, nach pflichtmäßigem Ermessen anderweitig festzusetzen und event. zwangsweise auf den Etat zu setzen.

IV.

Amtsverbände.

(Einzuschalten auf S. 20 des Ergänzungsbandes 1892).

Nr. 19.

Endurteil des I. Senats vom 3. Februar 1894 (Entsch. Bd. XXVI. S. 141).

1) Das Verlangen eines Amtsverbandes, daß die Ortspolizeibehörde ein Gefängnis nebst Polizeidiener=Wohnung in der Nähe des Amtssitzes errichten und die Mittel dazu bereit stellen solle, bezieht sich auf eine polizeiliche Einrichtung für den inneren Dienstbetrieb; diese Anordnung hätte in der Provinz Westfalen von dem Regierungspräsidenten ausgehen sollen.

2) Die Feststellung, daß die Einrichtung polizeilich notwendig, hatte von der Polizei=Aufsichtsbehörde auszugehen, die Feststellung, daß die erforderlichen Mittel von dem Amtsverbande zu beschaffen seien, von der Kommunal-Aufsichtsbehörde; mithin auch von dem Landrat, welcher beide Funktionen in sich vereinigt.

3) Der Landrat übt die Polizei=Aufsicht als Geschäft der allgemeinen Landesverwaltung, die Kommunal=Aufsicht als Vorsitzender des Kreisausschusses.

4) Das Amt des Landrates ist ein einheitliches, vermöge dessen er nicht blos die Landesverwaltung im Kreise, sondern auch als Vorsitzender des Kreisausschusses die Kreis=Kommunalverwaltung führt. Bei den Geschäften letzterer Art wird er nicht durch den Kreissekretär vertreten, sondern durch das sogen. gewählte Mitglied.

5) Der Zusatz unter der Unterschrift des Landrathes „Vorsitzender des Kreisausschusses" und das Fehlen dieses Zusatzes sind ohne Einfluß auf die Gültigkeit der Akte der Landesverwaltung.

Nr. 20.

Endurteil des I. Senats vom 21. März 1894 (Entsch. Bd. XXVI. S. 138).

1) Die von den rheinischen Land=Bürgermeistern im Namen des Königs geführte Ortspolizei=Verwaltung ist eine Staats=, aber keine Gemeinde=Ange=

legenheit oder =Einrichtung, wenngleich die Kosten von der Gemeinde zu tragen sind.

2) Die Regelung des inneren Dienstbetriebes der Gemeinde und ihrer gesamten Organisation untersteht der Polizeiaufsicht (§ 1 Abs. 2 Polizeiges. vom 11. März 1850 und § 32 Rhein. Kreisordn. vom 30. Mai 1887) z. B. die Vermehrung der Exekutivorgane in den einzelnen zur Land=Bürgermeisterei gehörenden Gemeinden.

3) Die Kommunalaufsicht hat die Gewährung der Geldmittel, falls sie von der Gemeinde abgelehnt wird, gegen diese als eine gesetzliche Leistung zwecks künftiger Zwangsetatisierung festzustellen. Diese Feststellung gemeinsam sowohl von Polizei= als von Kommunal=Aufsichts wegen zu treffen, ist der Regierungspräsident ermächtigt; die gleiche Befugnis steht dem Landrath zu gegenüber den Landgemeinden, aber nicht gegenüber den Städten, weil er über diese zwar die polizeiliche, aber nicht die kommunale Aufsicht führt.

4) Wenn eine Ortspolizeibehörde einer oder mehreren Gemeinden die Vermehrung des Exekutivpersonals und die Verbesserung der Organisation der Polizeiverwaltung durch Verfügung aufgiebt, so überschreitet sie damit ihre Zuständigkeit und greift ein in die der Polizei= und Kommunal=Aufsichts=Instanzen.

V.

Landgemeinden und Gutsbezirke.

A. Gemeindeabgaben und Dienste, Gemeindevermögen.

(Einzuschalten auf S. 19 des Ergänzungsbandes 1893.)

Nr. 135.

Endurteil des II. Senats vom 26. September 1893 (Entsch. Bd. XXV. S. 123).

Abgesehen von dem Falle der strafbaren Hinterziehung sind sowohl für den Steuerpflichtigen als für den Vertreter des Staatsinteresses zur Berichtigung einer ordnungsmäßig erfolgten, aber sachlich unrichtigen Veranlagung die ordentlichen Rechtsmittel in den §§ 40—49 des Einkommensteuergesetzes vom 24. Juni 1891 gegeben und nicht im § 80 a. a. O.

Nr. 136.

Endurteil des I. Senats vom 12. Juli 1893 (Entsch. Bd. XXV. S. 131).

1) Durch § 34 Abs. 1 Ziff. 2 Zust.=Ges. ist die Klage gegen den Gemeindevorstand wegen Heranziehung zu den „Gemeindelasten" gegeben und im Abs. 3 daselbst ist bestimmt, daß der Entscheidung im Verwaltungsstreitverfahren auch Streitigkeiten zwischen den Beteiligten über ihre in dem öffentlichen Recht begründete Verpflichtung „zu den im Abs. 1 bezeichneten Lasten" unterliegen. Aus dieser Verweisung folgt, daß die Anwendung des Abs. 3 sich auf diejenigen Lasten beschränkt, welche in Abs. 1 unter Ziffer 2 erwähnt werden. Die letztere Bestimmung aber betrifft nicht alle öffentlichrechtlichen Lasten, welche der Gemeinde als solcher obliegen, sondern bezieht

sich nur auf diejenigen, zu denen der Verpflichtete durch den Gemeindevorstand kraft eines aus der Gemeindeabgabenverfassung entspringenden Rechts herangezogen oder veranlagt werden kann. Ein solches Besteuerungsrecht hängt nicht notwendig mit der persönlichen Mitgliedschaft des Verpflichteten zur Gemeinde zusammen; es kann auch solchen Personen gegenüber begründet sein, welche außerhalb des Gemeindebezirks wohnen und der Gemeindeverfassung in keiner anderen Art als durch die Beitragspflicht zu einer Gemeindelast unterworfen sind. Entscheidendes Merkmal eines derartigen Besteuerungsrechts aber bleibt in jedem Falle, daß der Verpflichtete in Bezug auf seine Leistungspflicht durch Beschlüsse der Gemeindeorgane rechtlich verbunden wird, daß Eintritt und Umfang der Pflicht zur Einzelleistung einseitig vom Gemeindevorstande festgestellt, daß der Verpflichtete vom Gemeindevorstande mit Recht „veranlagt, herangezogen" werden kann.

2) Verhältnisse, kraft welcher von zwei Kommunalverbänden der eine die gesetzliche Last des andern, z. B. die Unterhaltung bestimmter Brücken, Wege, ganz oder teilweise zu tragen hat, kommen mehrfach und namentlich zwischen Gemeinden und Gutsbezirken vor, und beruhen auf öffentlich-rechtlichen Verträgen, Rezessen oder auch auf Observanz. Durch sie entstehen Rechte und Pflichten lediglich zwischen zwei koordinierten Rechtssubjecten, welche nur nach den allgemeinen Grundsätzen erzwungen werden können; durch sie wird indes der Verpflichtete keineswegs zu einem Mitgliede des berechtigten Verbandes oder sonst den autonomen Beschlüssen oder dem Besteuerungsrechte derselben unterworfen. Die Last des Verpflichteten ist daher keine aus der „Verfassung" der Gemeinde entspringende, keine „Gemeindelast", die eine einseitige „Heranziehung" rechtfertigen könnte.

3) Der § 34 Abs. 3 Zust.-Ges. giebt den Beteiligten, welche über ihre Verpflichtung zu einer Gemeindelast streiten, die Klage. Zu dieser aber kann bei Streitigkeiten unter solchen ad 2 erwähnten Zweck-Verbänden die forderungsberechtigte Gemeinde nicht gezählt werden. Ihr gegenüber kann sich der Streit nur in den Formen des Abs. 1 und 2 bewegen. Der Gemeindevorstand hat heranzuziehen, bei ihm ist Einspruch zu erheben, gegen den Beschluß auf den Einspruch findet die Klage statt. Als Kläger kann aber nur der in Anspruch Genommene, nicht der Gemeindevorstand auftreten.

4) Der Nachtwachdienst ist eine polizeilichen Zwecken dienende Kommunalanstalt, deren Einrichtung — abgesehen von § 37 Tit. 7 T. II. A. L.-R. — auf Grund der generellen Vorschriften des § 3 des Gesetzes vom 11. März 1850 von den Gemeinden und ebenso gemäß § 31 Kr.-Ord. für den Bereich eines Gutsbezirks von dem Gutsbesitzer verlangt werden darf. Daß und welche bezügliche Leistung Gemeinde und Gutsbezirk im Einzelfall zu bewirken haben, bleibt von der Polizeibehörde im Wege der polizeilichen Verfügung des § 127 L.-V.-G. festzustellen. — (Entsch. Bd. XVIII. S. 144.) Wie indes der Tit. 7 A. L.-R., so hat auch der § 3 des Polizeigesetzes die Verpflichtung der Gemeinde nur als eine subsidiäre für den Fall konstituiert, daß ein anderer, nach öffentlichem Rechte Verpflichteter nicht vorhanden ist. (Entsch. Bd. VII. S. 350.) Wenn daher eine Gemeinde, welcher die Bestellung eines Nachtwächters durch polizeiliche Verfügung aufgegeben ist, behauptet, daß die Verpflichtung hierzu nach dem öffentlichen Rechte nicht ihr, sondern einem andern Rechtssubjekte — Gutsbezirke — obliege, so stehen ihr zunächst die auf Aufhebung der polizeilichen Anordnung gerichteten Rechtsbehelfe der §§ 127, 128

L.-V.-G. zur Seite, so daß im Wege der Klage der Gemeinde gegen die Polizeibehörde und unter Beiladung des Gutsherrn die Frage, ob die Gemeinde oder der Gutsherr zur Bestellung des Gemeindenachtwächters verpflichtet ist, zur Entscheidung des Verwaltungsrichters gelangen kann. Falls jedoch die Gemeinde auf diesen Rechtsbehelf verzichtet oder mit demselben keinen Erfolg gehabt hat, so steht ihr nach § 5 des Gesetzes über die Zulässigkeit des Rechtsweges vom 11. Mai 1842 immer noch als weiteres Rechtsmittel — das der Klage bei den Zivilgerichten — offen gegen den an ihrer statt vermeintlich Verpflichteten.

Nr. 137.

Endurteil des II. Senats vom 27. Juni 1893 (Entsch. Bd. XXV. S. 141).

Bei Erhebung von Gebühren für die Benutzung von Hafenanlagen kommt es darauf an, ob dieselben auf Grund einer publizistischen, einseitigen Bestimmung der Staatsgewalt oder auf Grund eines Vertrages erhoben werden. Im ersteren Falle bildet die Hebeberechtigung die Einkommensquelle, während es sich im anderen Falle, wenn die Vergütung für die Benutzung eines Platzes im oder am Hafen gezahlt wird, nur um ein Einkommen aus Grundbesitz, in keinem Falle aber um ein Einkommen aus Gewerbebetrieb handelt.

Ein fiscalischer Gewerbebetrieb, der wie eine Hafenanlage vorwiegend zur Förderung des gemeinen Wohls geschaffen und in seiner Gesamtheit auch vornehmlich diesem Zweck gewidmet ist, kann von seinen Erträgen nicht zur Gemeinde-Einkommensteuer herangezogen werden.

C. Grenzen der Gemeinden und Gutsbezirke.

(Einzuschalten auf S. 34 des Ergänzungsbandes 1892.)

Nr. 38.

Endurteil des I. Senats vom 4. November 1893 (Entsch. Bd. XXV. S. 153).

Hat sich einmal eine Dominial-Gemeinde unter der Herrschaft der Gemeindeordnung vom 11. März 1850 als selbständige Gemeinde neu gebildet, so kann dieselbe auch durch die spätere Aufhebung dieses Gesetzes nicht ohne weiteres beseitigt werden. Gesetze haben nur dann rückwirkende Kraft, wenn sie ihnen vom Gesetzgeber beigelegt ist.

Dergleichen Incommunalisirungsacte unterliegen zwar, wie jeder andere Verwaltungsact, der Nachprüfung des Verwaltungsrichters, ob sie von einer an sich zuständigen Behörde ausgegangen sind, aber nicht des weiteren, ob die thatsächlichen Voraussetzungen für die Zuständigkeit als vorliegend angenommen werden dürften.

Nr. 39.

Endurteil des I. Senats vom 7. Februar 1894 (Entsch. Bd. XXVI. S. 93).

1) Bei Umwandlung eines Gutsbezirkes in eine Landgemeinde sind die Vorschriften im § 3 der Landgemeinde-Ordnung vom 3. Juli 1891 (G.-S. S. 233) maßgebend. Diese Vorschriften haben das Verwaltungsstreitverfahren auf die

Ausgleichung der öffentlich-rechtlichen Interessen auch für den Fall ausgedehnt, daß durch die Umwandlung privatrechtliche Verhältnisse berührt werden, andererseits sind dieselben auf die am 1. April 1892 bereits anhängig gewesenen Auseinandersetzungen anzuwenden, soweit sie nur das Verfahren und die Zuständigkeit der mit demselben betrauten Behörden regeln.

2) Mit der behördlich gestatteten Auflösung des Gutsbezirkes tritt die Gemeinde an die Stelle des letzteren und wird zur ausschließlichen Trägerin kommunaler Rechte und Pflichten.

3) Die Vorschrift im § 1 Abs. 5 des Gesetzes vom 14. April 1856, daß bei dergleichen Auseinandersetzungen über Grundstücke privatrechtliche Verhältnisse nicht berührt werden sollen, ist in die neue Landgemeindeordnung nicht mit übernommen worden, vielmehr absichtlich von der Aufnahme ausgeschlossen.

E. Gemeindewahlen.

(Einzuschalten auf S. 20 des Ergänzungsbandes 1893.)

Nr. 28.

Endurteil des II. Senats vom 17. Oktober 1893 (Entsch. Bd. XXV. S. 11).

Der § 28 der westfälischen Landgemeindeordnung vom 19. März 1856 (G.-S. S. 237) trifft darüber, in welcher Art die Wahl stattzufinden hat, keine weiteren als die Bestimmungen, daß der Wahltermin vier Wochen vorher ortsüblich bekannt zu machen sei, und daß jeder Wähler dem Wahlvorstande mündlich und vernehmlich zu Protokoll zu erklären habe, wem er seine Stimme geben will. Hinsichtlich der für die Wahlhandlung festzusetzenden Zeit schreibt also das Gesetz nur vor, daß die Wähler auf eine bestimmte Stunde eines bestimmten Tages — in ein zu bezeichnendes Lokal — eingeladen werden sollen. Zwar ist dem Amtmann bezw. dem Gemeindevorsteher nicht verwehrt, bei der Anberaumung des Termins auch anzuordnen, daß Stimmen während eines gewissen Zeitraumes entgegengenommen werden sollen, in welchem Falle der Wahlvorsteher den Wahlakt vor Ablauf jenes Zeitraumes nicht schließen, und kein innerhalb desselben die Entgegennahme seiner Stimme verlangender Wähler etwa um deswillen zurückgewiesen werden darf, weil es vorher zeitweise schon an noch nicht abgefertigten Wählern gefehlt hatte, also Pausen entstanden waren. Eine Verpflichtung zu einer derartigen Anordnung besteht jedoch für den Leiter der Wahl keineswegs. Wird solche nicht getroffen, so sind die Wähler gehalten, sich zu der festgesetzten Stunde im Wahllokal einzufinden, und haben diejenigen Wähler, welche später erscheinen, zufolge ihrer eigenen Versäumnis das Wahlrecht in dem Falle verloren, wenn zur Zeit ihrer Ankunft die früher erschienenen Wähler ihr Wahlrecht bereits ausgeübt haben, und deshalb der Wahlakt geschlossen worden ist. Zu den Pflichten des Wahlvorstehers gehört es, dafür zu sorgen, daß einerseits die Wahlhandlung sich ohne Ueberstürzung vollzieht, anderseits aber auch der förmliche Schluß des Abstimmungsaktes erfolgt, sobald thatsächlich niemand mehr sich zum Abgeben der Stimme meldet, und daher zu dem weiteren Akte der Feststellung des Wahlergebnisses geschritten werden kann. Sollte hierbei der Wahlvorsteher sich Willkürlichkeiten, insbesondere im Interesse einer Partei, zu Schulden kommen lassen, und sollten diese auf das Resultat der Wahl einwirken, so würde auf Einspruch und Klage

Remedur zu erfolgen haben, falls die Gemeindevertretung nicht von Amtswegen die Wahl für ungültig erklärte.

Nr. 29.

Endurteil des I. Senats vom 4. Oktober 1893 (Entsch. Bd. XXV. S. 114).

1) Mit der Bestimmung im § 59 L.-G.-Ord. vom 3. Juli 1891, daß die Wähler eine Woche vor dem Wahltage zusammenzuberufen sind, ist keineswegs gesagt, daß zwischen dem Tage der Bekanntmachung und dem der Wahl der volle Zeitraum einer freien Woche liegen soll. § 59 ist nicht gleichbedeutend mit der im § 194 C.-Pr.Ord. ausgesprochenen Ladungsfrist, nach welcher allerdings zwischen der Zustellung und dem Terminstage mindestens eine Woche, also 7 Tage liegen sollen.

Für den Tag der Publikation durch eine Zeitung ist nicht das Datum der betreffenden Nummer entscheidend, sondern der Tag, an welchem diese in dem betreffenden Orte regelmäßig an die Besteller gelangt. Dieser wird ferner nicht durch die vertragsmäßige Pflicht des Herausgebers, noch durch das vertragliche Recht der Besteller, die Nummern an einem gewissen Tage zu liefern resp. zu erhalten, sondern lediglich durch die Thatsache bestimmt, an welchem Tage die Nummern regelmäßig ausgetragen werden. Der Umstand, daß in einem Ortsteile mehrfach regelwidrig einzelne Nummern erst an dem aufgedruckten Tage, also verspätet bestellt worden sind, ändert an dieser Thatsache nichts.

2) Sind bei Gemeindewahlen zu amtlichen Publikationen als Aushang mehrere Stellen in der Gemeinde ortsüblich im Gebrauch, müssen dieselben auch pflichtmäßig benutzt werden. Die Unvollständigkeit einer ortsüblichen Bekanntmachung bildet einen wesentlichen Mangel des Wahlverfahrens, d. i. einen solchen, ohne den möglicher Weise die Wahl ein anderes Resultat hätte ergeben können.

No. 30.

Endurteil des I. Senats vom 3. Juni 1893 (Entsch. Bd. XXV. S. 127).

Nach § 17 Nr. 6 der Städteordnung vom 30. Mai 1853 können „die Polizeibeamten" nicht Stadtverordnete sein. Ein Unterschied zwischen den verschiedenen Arten der Polizeibeamten ist nicht gemacht, deshalb gilt von den Bahnpolizeibeamten dasselbe, wie von den Beamten der allgemeinen Polizei, wie dies bereits in einem Urteil vom 17. Februar 1888 (s. Entsch. Bd. 16 S. 72 ff.) ausgesprochen ist. Der Ausdruck „die Polizeibeamten" umfaßt alle Polizeibeamten. Hätte der Gesetzgeber eine dahingehende Anordnung nicht beabsichtigt, so hätte er eine andere Fassung wählen müssen; es fehlt daher auch an einer Ermächtigung für den Verwaltungsrichter, seinerseits eine Unterscheidung in die Bestimmung hineinzutragen. Die Landgemeindeordnung hat im § 53 jedoch die Nichtwählbarkeit ausdrücklich auf die Polizei-Exekutivbeamten beschränkt. Hierbei wird es darauf ankommen, ob der betreffende Beamte selbständig polizeiliche Anordnungen erlassen oder solche nur auszuführen und über ihre Beobachtung zu wachen hat. Die Exekutive ist allerdings bei der Bahnpolizei nicht so geregelt, daß gewisse Personen ausschließlich, d. h. mit Ausschluß jeder sonstigen amtlichen Thätigkeit, mit ihr betraut wären. Indessen wird hier ausschlaggebend sein, ob jemand vorwiegend mit der Ausführung und Ueberwachung der bestehenden bahnpolizeilichen Bestimmungen amtlich in Anspruch genommen wird oder nicht. Hinsichtlich welcher Beamten dies zutrifft, ist Gegenstand der thatsächlichen Feststellung. Jedenfalls besteht für einen Stationsaufseher oder Stationsassistenten nach Art der ganzen amtlichen Beschäftigung kein Zweifel, daß er auch zu den „Polizei-Exekutivbeamten" im Sinne des § 53 a. a. O. zu rechnen ist.

Nr. 31.

Endurteil des I. Senats vom 13. April 1894 (Entsch. Bd. XXVI. S. 102).

1) Die Befugnis der Gemeindevertretung, auf Grund des § 66 Nr. 1 der Landgemeinde-Ordnung vom 3. Juli 1891 darüber zu beschließen, ob ein Gemeindevertreter durch Verkauf seines Grundstückes die Stelle in der Gemeindevertretung verloren hat, ist anzuerkennen. Daraus folgt nach § 67 a. a. O. die Zulässigkeit des Verwaltungsstreitverfahrens.

2) Der als ein „angesessener" gewählte Gemeindevertreter verliert durch die Veräußerung seines Grundbesitzes allein weder sein Gemeinderecht, noch seine Stelle in der Gemeindevertretung, und zwar letzteres selbst dann nicht, wenn deren Mitglieder nicht mehr zu zwei Dritteln aus Angesessenen bestehen. Diese letztere Vorschrift regelt nur die Wahl, die bezügliche Vorschrift im ersten Absatz des § 52 hat lediglich den Charakter einer die Wahlen regelnden Bestimmung. Das gewählte Mitglied ist nicht Vertreter einer bestimmten Klasse, sondern Vertreter aller Gemeindeangehörigen; es kann also auch nur dann gesagt werden, daß er zu denen, welche er vertreten soll, nicht mehr gehört, wenn er das Gemeinderecht verliert.

3) Ueber den Verlust des Gemeinderechtes beschließt die Gemeindevertretung ebenso, wie über den Verlust unbesoldeter Gemeindeämter.

Nr. 32.

Endurteil des II. Senats vom 27. Februar 1894 (Entsch. Bd. XXVI. S. 108).

1) Nach rheinischem Gemeinderechte (Gemeinde-Ordnung vom 23. Juli*) 1845 — G.-S. S. 523 —) versteht man unter der Gemeinderolle das Verzeichnis der zur Ausübung des Gemeinderechtes befähigten Meistbeerbten.

2) Die Beschwerden an die Gemeindevertretung über das Verhalten der Gemeindebehörde ist an eine Frist nicht gebunden, dasselbe gilt von den Klagen gegen die Beschlüsse der Gemeindevertretung.

3) Der Besitz eines ideellen Wohnungsanteiles und anderen Grundeigentums kann, wenn von beiden zusammen mehr als sechs Mark Gebäude- und Grundsteuer entrichtet werden, den Anspruch auf Ausübung des Gemeinderechtes nicht begründen, denn unter dem „Angesessensein" mit einem Wohnhause kann der Besitz eines ideellen Teiles eines solchen Gebäudes nicht verstanden werden.

4) Hinsichtlich der Frage, ob ein Gemeinderats-Beschluß dem Gesetze entspricht, sind lediglich die zur Zeit seines Zustandekommens vorhanden gewesenen Verhältnisse maßgebend.

---

*) In den Entscheidungen Band XXVI. S. 108 steht unrichtig „Juni", Zeile 15 v. o.

Nr. 33.

Endurteil des II. Senats vom 13. Februar 1894 (Entsch. Bd. XXVI. S. 115).

1) Nach der westfälischen Landgemeinde-Ordnung vom 19. März 1856 (G.-S. S. 265) entspricht es dem Grundsatze der Oeffentlichkeit der Wahlverhandlung nicht, wenn in dem Wahllokal solche Einrichtungen getroffen werden, wodurch die gleichzeitige Anwesenheit sämtlicher Wähler im Wahllokale ausgeschlossen wird.

2) Wenn und nachdem die Wahl einmal gültig abgeschlossen ist, kann die Unterlassung dessen, was erst darnach zu geschehen hat, nicht nachträglich die Gültigkeit der Wahl alterieren.

3) Bei der Bekanntmachung des Wahlresultates erscheint eine Angabe zwar nicht aller auf die einzelnen Kandidaten entfallenden Stimmen, aber doch der im Ganzen abgegebenen und der auf die Gewählten entfallenen Stimmen angemessen.

Nr. 34.

Endurteil des II. Senats vom 2. Mai 1894 (Entsch. Bd. XXVI. S. 119).

Bei der Wahl der Gemeindeverordneten (in der Provinz Westfalen) ist daran festzuhalten, daß eine Wahl nur jedem Beteiligten gegenüber entweder gültig oder ungültig sein kann, nicht aber dem A. gegenüber das eine, dem B. gegenüber das andere. Beständen zwei im letzteren Sinne ergangene Entscheidungen neben einander, so bliebe es eine unlösbare Frage, welche von beiden der anderen vorginge.

Nr. 35.

Endurteil des II. Senats vom 6. März 1894 (Entsch. Bd. XXVI. S. 124).

1) Die Ausdehnung einer Wahlhandlung bei der Wahl von Gemeindeverordneten in der Provinz Westfalen bis in die Morgenstunden des auf den Wahltermin folgenden Tages ist geeignet, erhebliche Unregelmäßigkeiten herbeizuführen und deshalb zu vermeiden.

2) Die Ungültigkeit der Wahl der einen Abteilung hat für den rechtlichen Bestand der Wahlen der übrigen Abteilungen an sich keine Bedeutung.

3) Parteierklärungen, welche in das Protokoll über die mündliche Verhandlung ohne den vorgeschriebenen Genehmigungsvermerk Aufnahme gefunden haben, können bei der Entscheidung nicht verwertet werden.

Nr. 36.

Endurteil des II. Senats vom 2. Juni 1894 (Entsch. Bd. XXVI. S. 129).

Im Sinne der Vorschriften über die Heranziehung zur Gemeinde-Einkommensteuer (Gesetz vom 27. Juli 1885 — G.-S. S. 327 —) sind die Einnehmer bei der Königl. Lotterie nicht Staatsbeamte und auch als solche nicht Gewerbetreibende. Sie stehen zu der General-Lotterie-Direktion lediglich im Verhältnis eines Bevollmächtigten.

Nr. 37.

Endurteil des I. Senats vom 10. April 1894 (Entsch. Bd. XXVI. S. 131).

Impfärzte können zwar als Kreisbeamte in den Kreisen angestellt werden, sie sind aber doch als solche in der Regel nicht Beamte im Sinne der Gemeinde-Einkommensteuervorschriften für die Städte.

G. Armenangelegenheiten.

(Einzuschalten auf S. 20 des Ergänzungsbandes 1893.)

Nr. 5.

Endurteil des I. Senats vom 17. Mai 1893 (Entsch. Bd. XXV. S. 162).

Zu den dem Kreisausschuß überwiesenen Beschwerden der Armen über Verfügungen der Ortsarmenverbände nach § 41 Abs. 1 Zust.-Ges. über Art und Höhe der Unterstützung gehören alle Unterstützungsverfügungen der Armenverbände gleichgültig, auf welcher rechtlichen Grundlage die Fürsorge des verfügenden Ortsarmenverbands beruht, ob sie insbesondere eine definitive nach dem Reichsgesetz vom 6. Juni 1870 oder nach § 28 a. a. O. eine vorläufige ist, oder ob sie nur um deshalb besteht, weil der Arme vom Landarmenverbande auf Grund des § 34 des Preuß. Ausführungsgesetzes vom 8. März 1871 dem Ortsarmenverbande gegen Entschädigung überwiesen ist.

Zweite Abteilung.

Kultus, Schule und Personenstand.

VII.

Die Kirche.

(Einzuschalten auf S. 36 des Ergänzungsbandes 1892.)

No. 13.

Endurteil des I. Senats vom 18. November 1893 (Entsch. Bd. XXV. S. 168).

1) Der § 5 Abs. 2 und 3 des Gesetzes über die Aenderung der Kirchenverfassung der evangel.-luth. Kirche in Hannover vom 6. Mai 1885 hat bei Zwangsetatisierungen dem Verwaltungsgerichte die Entscheidung über die „Verpflichtung zu der etatisierten Leistung" übertragen. Diese Nachprüfung der Rechtmäßigkeit der Leistung cessiert zwar da, wo die Verpflichtung zu derselben bereits in einem gesetzlich geordneten Verfahren und für jeden, somit auch für den Verwaltungsrichter, formell maßgebend festgestellt ist. Andernfalls hat sie nicht allein auf Rechtsgrund und Inhalt der Feststellung, sondern zugleich darauf sich zu erstrecken, ob diese von der verfügenden Behörde innerhalb der Grenzen ihrer Zuständigkeit überhaupt getroffen werden konnte.

2) Ueber die Baupflicht der Interessenten bei kirchlichen Baustreitigkeiten sind zwar die geistlichen Oberen im Geltungsbereich des A. L.-R. nach §§ 707 bis 709 Tit. 11 Th. II. zur vorläufigen Festsetzung derart zuständig, daß diese bis zu einer etwaigen abweichenden Entscheidung durch den Civilrichter für alle Beteiligten und daher auch für den Verwaltungsrichter maßgebend bleiben. Da aber dieses Verfahren in Hannover nicht besteht, so kann mangels einer anderweiten positiven Gesetzesvorschrift das Konsistorium nur kraft seiner „Oberaufsicht" und der „oberen Leitung der Kirchenvorstände" (§ 35 der Hannoverschen Kirchenvorstands- und Synodalordnung vom 9. Oktober 1864 in Verbindung mit § 18 des Kirchenvorstandsgesetzes vom 14. Oktober 1848) zur „einstweiligen Entscheidung in kirchlichen Bausachen" berufen sein, deren Vollstreckung dann nach § 2 zu § 2 des Ges. vom 6. Mai 1885 der Staatsbehörde obliegt. Derartige Entscheidungen unterliegen daher, falls sie die Grundlage einer angefochtenen Zwangsetatisierung bilden, zwar nicht im Geltungsbereiche des Allg. Landrechts, wohl aber in den sonstigen Rechtsgebieten der Provinz Hannover der Nachprüfung des Verwaltungsrichters auch bezüglich der Zuständigkeit der feststellenden Behörde.

3) Ist nicht die Ausführung eines Kirchenbaues oder eine kirchliche Bausache streitig und zu regeln, sondern nur die durch die Bauausführung aus der in rem versio oder negotiorum gestio entstandene vermögensrechtliche Forderung des einen Rechtssubjects gegen das andere, wobei es für den privatrechtlichen Character dieser Forderung gleichgültig ist, ob beide beteiligte Kirchengemeinden sind und ob der veranlassende Bau ein Kirchbau ist, so steht die vorläufige Entscheidung über einen solchen Streit nach den §§ 707 bis 709 Tit. 11 T. II nicht den geistlichen Oberen, sondern nur dem ordentlichen Gerichte zu.

Nr. 14.

Endurteil des I. Senats vom 24. Januar 1894 (Entsch. Bd. XXVI. S. 147).

1) Die Festsetzung neuer oder erhöhter Gehälter der evangelischen Geistlichen kann im Geltungsbereiche des Kirchen-Verfassungsgesetzes vom 3. Juni 1876 (G.-S. S. 125) durch die Konsistorien erfolgen und zwar von diesen allein, sofern sie nicht bei Parochialveränderungen eintritt. Diese Festsetzungen sind für die Kirchengemeinden verbindlich und können von den Konsistorien im Einvernehmen mit dem Regierungspräsidenten im Wege der Zwangsetatisierung durchgeführt werden.

2) Konsistorien und Regierungen (jetzt Regierungspräsidenten) haben in Streitfällen gemeinsam darüber zu entscheiden, welche geistliche Stelle und was zum Unterhalte des Stelleninhabers notwendig und von der Gemeinde aufzubringen sei (Entscheidungen des Kompetenzgerichtshofes vom 18. März 1865 und 19. April 1873.)*)

3) Die Errichtung einer bleibenden Hülfsprediger- (Nebengeistlichen-) Stelle, welche nach der Verordnung vom 27. Juni 1845 und der zugehörigen Instruktion vom 1. Oktober 1847 dem Konsistorium im Einvernehmen mit der Regierung zustand, steht jetzt dem Konsistorium allein zu.

IX.

Die Schule.

B. Schulabgaben.

(Einzuschalten auf S. 24 des Ergänzungsbandes 1893).

Nr. 101.

Endurteil des I. Senats vom 24. Mai 1893 (Entsch. Bd. XXV. S. 174.)

Im Geltungsbereich der Preußischen Schulordnung vom 11. Dezember 1845 bilden die Einwohner des Schulbezirks keinen korporativen Verband (Entsch. Bd. XXI. S. 194). Ein Streit zwischen dem Schulvorstande und den Beitragspflichtigen kann sich nur in den Formen und in dem Umfang des Abs. 1 und 2, aber nicht in dem Verfahren nach Abs. 3 des § 46 Zust.-Ges. bewegen.

---

*) Vergl. Sammlung der Rechtsgrundsätze des Kompetenzgerichtshofes von Parey, S. 154 und 184, 185, Berlin 1889 bei J. J. Heine.

Abs. 3 greift nur Platz bei Streitigkeiten über die Frage, wer von den Parteien zu einer Leistung für die Schule verpflichtet ist. Es kann also hier als Kläger nur derjenige auftreten, welcher die Verpflichtung zu einer Schullast von sich ab- und einem andern zuweisen will. Hiermit ist aber eine Klage des Schulvorstandes oder der Schulstelle, deren Verpflichtung nie in Frage kommen kann, ausgeschlossen.

Nr. 102.

Endurteil des I. Senats vom 18. November 1893 (Entsch. Bd. XXV. S. 180.)

Nach § 7 L.-V.-G. ist das Verwaltungsstreitverfahren nur in den vom Gesetze besonders vorgeschriebenen Fällen zulässig. Es fehlt an einer solchen Vorschrift in Betreff der Feststellungsklage des Kontribuenten gegen den abgabenberechtigten Schulverband. Nur wenn jener zu Abgaben und sonstigen nach öffentlichem Recht zu fordernden Leistungen herangezogen wird, kann er Einspruch und bei dessen Zurückweisung Klage auf gänzliche oder teilweise Befreiung von der Einzelforderung gegen das den Schulverband vertretene Organ (Schulvorstand) erheben. Durch die dieserhalb in Abs. 1, 2 und 5 § 46 Zust.-Ges. gegebenen Bestimmungen sind die Rechtsbehelfe des Kontribuenten gegen den Schulverband bezw. das ihn vertretende Organ derartig geregelt, daß es für diese Verhältnisse weitere Rechsmittel nicht giebt. — Abs. 3 läßt das Verhältnis zwischen dem Kontribuenten und dem abgabenberechtigten Verbande um deswillen völlig unberührt, weil unter den hier bezeichneten „Beteiligten" nur die Kontribuenten zu verstehen sind, Abs. 3 also im Gegensatze zu der im Abs. 2 erwähnten, gegen den Verbandsvorstand zulässigen Klage nur die Streitigkeiten der Kontribuenten unter sich im Auge hat.

Nr. 103

Endurteil des I. Senats vom 21. Oktober 1893 (Entsch. Bd. XXV. S. 196).

1) Das Allg. Landrecht sieht die Schulunterhaltungspflicht als eine Last an, welche nicht auf dem Kommunalverbande, sondern auf einem von diesem völlig verschiedenen Sozietätsverhältnisse beruht. Deshalb ist der § 30 Tit. 12 Th. II. A. L.-R. nur auf eine Mehrheit von Sozietätsschulen, niemals aber bei verschiedenen Kommunalschulen oder bei Konkurrenz einer solchen anwendbar. Besteht daher eine kommunale Konfessionsschule an einem Orte oder Schulverbande, so kann die Frage, ob zu deren Unterhaltung solche Gemeindemitglieder beizutragen haben, welche zu einer Schule der anderen Religionspartei gelegt sind, lediglich nach den provinzial- oder ortsrechtlichen Normen entschieden werden, nach welchen sich die Unterhaltung der Gemeindeschule regelt.

2) Die Unterverteilung der Unterhaltungskosten einer Schule innerhalb der zum Schulverbande gehörenden Gemeinde nach den in Betracht kommenden gesetzlichen oder ortsverfassungsmäßigen Normen bleibt den Gemeindevorstehern überlassen. Was von den letzteren auf das einzelne Mitglied ausgeschrieben wird, hat für dasselbe die Bedeutung einer an die Gemeinde geschuldeten Abgabe, gegen deren Heranziehung ihm aus § 34 zu 2. Zust.-Ges. die Klage zusteht.

3) Da es im Schles. General-Landschul-Reglement vom 3. November 1765 und der Novelle vom 18. Mai 1801 an einer positiven Vorschrift dahin,

daß an der baulichen Unterhaltung der kath. Gemeindeschulen Schlesiens die den eingeschulten Gemeinden an sich steuerpflichtigen evangelischen Mitglieder teilzunehmen nicht gehalten sind, fehlt, steht, da das Provinzialgesetz keinen Verteilungsmaßstab innerhalb der Gemeinden aufgestellt hat, der rechtlichen Möglichkeit einer nur die kath. Gemeindeangehörigen der Gemeinde gegenüber zu Schulbauleistungen verpflichtenden Observanz ein rechtliches Bedenken nicht entgegen und konnte eine derartige Observanz auch noch in landrechtlicher Zeit sowie unter der Herrschaft des Landgemeindeverfassungsgesetzes vom 14. April 1856 sehr wohl zur Entstehung kommen.

Nr. 104.

Endurteil des I. Senats vom 17. Januar 1894 (Entsch. Bd. XXVI. S. 161).

1) Für die Unterhaltung der evangelischen Schulen in Schlesien bildet das Allgemeine Landrecht die unmittelbar maßgebende gesetzliche Norm. Dies legt in den §§ 29 ff. Tit. 12 Teil II die Aufbringung der Dienstbezüge des Lehrers wie die erforderlichen Bauleistungen, beim Nichtvorhandensein von Stiftungen, den sämtlichen Hausvätern jedes Ortes, allen zur Schule gewiesenen Einwohnern auf und neben diesem lediglich dem Gutsherrn des Schulortes nur noch die Verpflichtung, Beiträge unvermögender Hintersassen zu übertragen, sowie erforderliche und verfügbare Baumaterialien unentgeltlich zu verabfolgen.

2) Wer keinen Wohnsitz im Schulbezirke hat und nicht Gutsherr des Schulortes ist, gehört auch nicht zu den Hausvätern.

3) Die Aufsichtsbehörde ist befugt, Schulsozietäten einzurichten und zu erteilen, jedoch erstreckt sich dies nur auf die Zuweisung von Hausvätern und gewissen Distrikten, nicht auf die Landgemeinden oder Gutsherrschaften, denn beide können nur durch besondere Ortsverfassung (praeter legem) Mitglieder des Schulverbandes oder diesem beitragspflichtig werden.

4) Einschulungsverfügungen der Schulaufsichtsbehörden sind an sich und soweit sie organisatorische Akte darstellen, einer Nachprüfung durch den Verwaltungsrichter nicht unterworfen, allein die Frage nach dem Träger der Unterhaltungslast innerhalb eines neugebildeten oder anders abgegrenzten Schulverbandes bleibt, ganz unabhängig von etwaigen Festsetzungen der Regierung hierüber, einzig und allein aus dem materiellen Rechte zu beantworten.

5) Wie die Regierungen im Geltungsbereiche des Schlesischen Schulreglements keine landrechtlichen Hausvätersozietäten ins Leben rufen können, so ist es ihnen umgekehrt nicht gestattet, im Gebiete des Allgemeinen Landrechtes Schulverbände, sei es ausschließlich aus politischen Gemeinden und Gutsbezirken, zusammenzusetzen, oder einer bereits vorhandenen korporativen, aus den Hausvätern gebildeten Schulgemeinde, in deren Bezirke verfassungsmäßig die Schullast teilweis oder selbst ganz an den gesetzlich nicht verpflichteten Gemeinden und Dominien freiwillig übernommen ist, andere Gemeinden und Dominien mit der Bestimmung zuzuweisen, daß um gleich jenen auch diese als Verbandsgenossen entsprechend den Normen der Schulverfassung Beiträge zu leisten schuldig seien.

6) Dem steht der Grundsatz nicht entgegen, daß die auf Vertrag oder Observanz beruhende Verfassung eines Gemeinde-, Schul- oder sonstigen kom-

munalen Verbandes nicht auf die zur Zeit ihrer Entstehung dem Verbande angehörig gewesenen Personen und Grundstücke beschränkt ist, sondern als eine Norm des öffentlichen Rechtes auch alle dem Verbande später zugewiesenen Personen und Grundstücke umfaßt.

Nr. 105.

Endurteil des I. Senats vom 1. Mai 1894 (Entsch. Bd. XXVI. S. 167).

1) Wenn für eine etwas entlegene Kolonie unter Heranziehung von geeignet gelegenen Einwohnern einiger Nachbargemeinden eine besondere Schule eingerichtet wird, so entsteht eine besondere Schulsozietät, es können aber die beteiligten Gemeinden wider ihren Willen unter keinen Umständen gezwungen werden, Schulen, welche für andere politische oder Schulgemeinden bestimmt sind, zu bauen oder zu unterhalten oder zu diesem Zwecke mit den andern Gemeinden einen Zweckverband einzugehen.

2) Die neue Sozietätsschule ist weder eine Kommunalanstalt einer der beteiligten politischen Gemeinden, noch eine Sozietätsanstalt, der Schulsozietät jener Gemeinde. Was dieselbe bereits geleistet hat, muß die neue Sozietät, event. auf Klage, erstatten.

Nr. 106.

Endurteil des I. Senats vom 3. März 1894 (Entsch. Bd. XXVI. S. 173).

Zu den „einheimischen" Kindern im Sinne des § 4 des Gesetzes, betreffend die Erleichterung der Volksschullasten vom 14. Juni 1888 (G.-S. S. 240) gehören außer den Kindern von physischen Personen auch die Zöglinge der Waisen- u. s. w. Anstalten, welche unentgeltlich Pflege und Erziehung erhalten. Für diese Kinder kann Volksschulgeld nicht erhoben werden.

Nr. 107.

Endurteil des I. Senats vom 18. Mai 1894 (Entsch. Bd. XXVI. S. 181).

Nach Königlich Sächsischem Provinzialrechte werden durch den Beitrag des Rittergutsbesitzers zu den auf dem Parochialverbande beruhenden Schulleistungen nicht auch das auf dem Gute wohnende Hausgesinde, die Wirtschaftsbeamten und sonstige Gutseinwohner von den Schullasten befreit. Ausnahmen finden statt in Folge ausdrücklicher Vereinbarung.

Nr. 108.

Endurteil des I. Senats vom 27. März 1894 (Entsch. Bd. XXVI. S. 184).

Nach hannoverschem Schulrecht giebt es auch Schulen mit konfessionellem Charakter. Letzterer Umstand schließt die Möglichkeit nicht aus, dem Schulverbande die Angehörigen anderer christlichen Konfessionen als Mitglieder zuzuweisen.

Nr. 109.

Endurteil des I. Senats vom 13. Dezember 1893 (Entsch. Bd. XXVI. S. 193).

In der Provinz Hannover sind die Juden, welche eine eigene Schule halten, nicht verpflichtet, zu den Christenschulen andere Abgaben zu leisten, als solche, die auf den Grundbesitz gelegt sind. Im Hannoverschen sind solche Christenschulen neuerdings mehrfach von den politischen Gemeinden übernommen und werden durch Gemeindesteuer erhalten, soweit diese Kosten aus den Einkünften des Gemeindevermögens nicht bestritten werden können.

C. Schulbauten.

(Einzuschalten auf S. 32 des Ergänzungsbandes 1893.)

Nr. 59.

Endurteil des I. Senats vom 10. Mai 1893 (Entsch. Bd. XXV. S. 186).

1) Ein Schulbauresolut kann für die Beteiligten nur anfechtbar werden, aber nicht in Rechtskraft übergehen. Letzteres wäre nur möglich, wenn in dem mit dem Resolute endigenden Verfahren von der dazu berufenen Instanz eine Entscheidung zwischen zwei streitenden Teilen erginge. An dieser Voraussetzung fehlt es aber bei dem Erlaß eines Bauresoluts. Das Bauresolut stellt nur einen Act der Verwaltung und nicht der Verwaltungsrechtsprechung dar und vermag deshalb materielles subjectives Recht weder zwischen den Unterhaltungspflichtigen unter einander, noch zwischen diesen und der Aufsichtsbehörde zu begründen. Betreffs der Baukosten sind die Beteiligten im Verwaltungsstreitverfahren ohne weiteres befugt, über ihre öffentlich-rechtlichen Bauverpflichtungen ohne Rücksicht auf den Inhalt eines vorangegangenen Resoluts sich auseinanderzusetzen. Ebensowenig ist hinsichtlich der Festsetzung über die Notwendigkeit und die Art der Bauausführung ein Zweifel darüber vorhanden, daß das Bauresolut der Rechtskraft im eigentlichen Sinne nicht fähig ist, daher unabhängig vom Fristenlauf, mithin auch dann noch, wenn den Beteiligten ein Anfechtungsrecht nicht mehr zusteht, der Korrectur sowol der Regierung als auch des Ministers unterliegt und von ihnen geändert, aufgehoben und von neuem erlassen werden darf.

2) Zweckbestimmung des Schulbauresoluts ist, durch vorläufige Festsetzung, die Verhütung einer dem Gemeinwohle nachteiligen Verzögerung der Schulbauten zu ermöglichen, und die Anordnung event. bei Gefahr im Verzuge gemäß § 53 L.-V.-G. für sofort vollstreckbar zu erklären. Die Aufsichtsbehörde ist nicht gehindert in demselbem Baufalle beim Entstehen verschiedener Streitpunkte nach einander eine Mehrzahl von Resoluten so zu erlassen, daß immer die nachfolgenden von den Festsetzungen der früheren als der gegebenen unverrückbaren Basis ausgehen und kann ferner geeigneten Falls vorerst nur die bei dem Bau oder bei der Kostenverteilung nach dessen Vollendung zu beobachtende schul- und bautechnischen bezw. rechtlichen Grundsätze im allgemeinen feststellen und abwarten, ob und inwieweit demnächst entstehende Streitigkeiten über die Einzelheiten noch fernere resolutarische Entscheidungen bedingen werden. —

3) Die Annahme, daß jedesmal durch ein späteres Resultat die Klage

gegen die Festsetzungen eines früher erlassenen, unanfechtbar gewordenen, unter allen Umständen wieder eröffnet werde, ist nach der rechtlichen Natur des Schulbauresoluts nicht haltbar. Jene Festsetzungen bleiben vielmehr von späteren Resoluten, sofern sie nicht in diesen selbst modifiziert oder aufgehoben werden, der Regel nach unberührt. Sie zum Gegenstande eines Angriffs mit einer Klage zu machen, welche sich unmittelbar gegen ein Resolut jüngeren Datums richtet, ist nur unter der Voraussetzung zulässig, daß der Fortfall ihrer thatsächlichen Voraussetzungen — z. B. ein Rückgang der Kinderzahl — behauptet und erwiesen wird oder eine dem Resolute den Boden entziehende Aenderung der Rechtslage eingetreten ist, wie diejenige, welche sich aus dem Gesetz vom 26. Mai 1887 dahin ergiebt, daß bei der Koncurrenz einer baulichen Anforderung mit derjenigen einer Vermehrung der Lehrkräfte jene als notwendig nicht anerkannt und festgestellt werden kann, bevor nicht diese sichergestellt ist.

4) Die aus § 47 Abs. 1 und 2 Zust.-Ges. gegen die Schulaufsichtsbehörde und zugleich gegen den vermeintlichen Drittverpflichteten angestellte Klage ist eine einheitliche, und eine materielle Entscheidung über die mit ihr dem Dritten gegenüber verfaßten Ansprüche verbietet sich deshalb von selbst, wenn sie der Behörde gegenüber als unzulässig befunden wird.

5) Nach Gemeinem Kanonischen Rechte hat der Kirchenpatron nur dann, wenn er aus dem Kirchengute Einkünfte bezieht, zu Bauten an kirchlichen Gebäuden einschließlich der Kirchschulen bei Unvermögen des Aerars beizutragen. Das Allgemeine Landrecht stellt aber den Inhaber des Kirchenpatrons keineswegs als Träger der Schulbaulast hin. Es verpflichtet ihn in § 37 Titel 12 und §§ 789 ff. Tit. 2 Teil II nur, wo das Schulhaus zugleich die Küsterwohnung ist, zur Unterhaltung derselben „in der Regel“ auf ebendieselbe Art wie bei Pfarrbauten beizutragen, mithin in Ermangelung partikularer Rechtsnormen im Falle der Unzulänglichkeit des Kirchenvermögens zusammen mit den Eingepfarrten die Barkosten, bei Landkirchen im Verhältnis von 2 zu 1 herzugeben. Durch das Gesetz vom 21. Juli 1846 ist diese Küsterschulbaupflicht des Kirchenpatrons noch weiter dahin eingeschränkt worden, daß derselbe, wenn durch die Entwickelung des Schulwesens Räume für neue Klassen oder zu Wohnungen für neue Lehrer notwendig werden, zu solchen Bauten überhaupt nicht beizusteueren hat.

6) Eine Observanz, welche den Fiskus gegenüber der Hausvätersozietät zur alleinigen Unterhaltung sämtlicher Schulräume verpflichten soll, konnte sich zwar noch nach der Emanation des Allg. Landrechts bilden, da dieses Gesetzbuch auf ununterbrochene Gewohnheiten für das hier in Rede stehende Gebiet als eine der nächsten Quellen des Rechts ausdrücklich hinweist. Wäre aber selbst eine derartige Observanz zur rechtlichen Existenz gekommen, so würde sie durch die positiven Vorschriften des Gesetzes von 1846, wonach für Erweiterungsbauten im Schulinteresse die Schulunterhaltungspflichtigen ohne Mitbeteiligung der Pfarrbaupflichtigen aufzukommen haben, ihre Geltung verloren haben. Auch eine Aenderung der durch jenes Gesetz geregelten Baupflicht durch Observanzbildung wäre zu Gunsten der Schulgemeinde, weil deren Pflicht lediglich auf diesem Gesetze beruht, rechtlich unmöglich und würde nur zu Gunsten des Patrons und der Eingepfarrten möglich sein, weil diese zugleich aus dem nur „die Regel“ angebenden, daher abweichende Gewohnheiten nicht ausschließenden § 37 Titel 12 Teil II A. L.-R. verpflichtet sind.

7) **Der Einwand der Verjährung kann nur vor dem ordentlichen Richter und nicht im Verwaltungsstreitverfahren geltend gemacht werden.**

Nr. 60.

Endurteil des I. Senats vom 14. Februar 1894 (Entsch. Bd. XXVI. S. 177).

Die Schulaufsichtsbehörden haben über Anordnung von Schulen und Reparaturbauten zu beschließen, dagegen ist der Verwaltungsrechtsweg gegeben auch über die Frage des Ortes innerhalb des Schulbezirkes, auf welchem zu bauen ist.

Dritte Abteilung.

Polizeiliche Angelegenheiten.

XIII.

Polizeiliche Verfügungen im Allgemeinen, auch Zwangsmittel.

(Einzuschalten auf S. 35 des Ergänzungsbandes 1893.)

Nr. 113.

Endurteil des I. Senats vom 22. April 1893 (Entsch. Bd. XXV. S. 400).

1) Durch die spätere Gesetzgebung (Ges. vom 6. April 1848) ist das Edikt wegen Verhütung und Bestrafung geheimer, der allgemeinen Sicherheit nachteiliger Verbindungen vom 20. Oktober 1798 mit allen seinen Konsequenzen aufgehoben und das Gesetz von 1848 hat auch jede die Vereinsfreiheit beschränkende Norm ohne Unterschied, ob sie als jus commune oder singulare, oder ob sie als lex specialis sich darstellt, unzweideutig und daher im Sinne der §§ 59 und 61 der Einleitung zum A. L.=R. „ausdrücklich" beseitigt.

2) Deshalb kann kein Verein polizeilich daran gehindert werden, die Zwecke des Freimaurerordens mit allen, in diesem Orden hergebrachten Mitteln — soweit diese nicht gegen das Vereins= oder das Strafgesetz, insbesondere dessen § 128 verstoßen — zu verfolgen. Ebensowenig kann ein Verein polizeilich daran gehindert werden, sich eine auf die Freimaurerei bezügliche Namensbezeichnung z. B. Große Freimaurerloge &c. beizulegen.

3) Nicht physische Rechtssubjekte oder sonstige Personenvereine sind durch keinerlei generelle Vorschrift in der Wahl ihrer Benennung beschränkt; insbesondere nicht dahin, daß jenen eine, ihren wirklichen Eigenschaften nicht entsprechende Bezeichnung, verboten wäre. Jedenfalls ist die Polizei nicht dazu berufen, darüber, ob ein Verein zu Unrecht sich Korporation &c. nennt, selbständig zu befinden und dagegen einzuschreiten; sie würde eine solche Befugnis nur dann haben, wenn dadurch der Verdacht strafbarer Handlungen, z. B. des Betruges begründet wäre oder sonstige polizeilich zu schützende Interessen gefährdet würden.

Nr. 114.

Endurteil des I. Senats vom 14. Oktober 1893 (Entsch. Bd. XXV. S. 408).

Eine polizeiliche Verfügung des Inhalts, daß dem Besitzer eines mit Tuberkulose behafteten geschlachteten Stück Viehs die Verwertung desselben im gesundheitlichen Interesse zum Teil entzogen wird, findet ihre rechtliche Stütze in den Vorschriften des § 10 Tit. 17 T. II. A. L.-R. und des § 6 lit. f. des Gesetzes über die Polizeiverwaltung vom 11. März 1850, wonach der Polizeibehörde die Sorge für Leben und Gesundheit des Publikums oder einzelner Mitglieder desselben obliegt. Eine solche Anordnung entbehrt auch nicht der erforderlichen thatsächlichen Voraussetzung, da das beanstandete Stück Vieh als Nahrungs- und Genußmittel hergestellt und in den Verkehr gesetzt werden sollte, und ferner festgestellt ist, daß durch den Genuß des Fleisches die menschliche Gesundheit gefährdet werde. Zur Verhütung dieses Genusses die erforderlichen Vorkehrungen zu treffen, ist aber gerade Aufgabe der Polizeiverwaltung. Art. 9 der Verf.-Urk. vom 31. Januar 1850 steht einem polizeilichen Eingreifen in das Privateigentum, soweit es durch das unter den Schutz der Polizei gestellte Interesse erforderlich ist, keineswegs entgegen (cfr. Entsch. Bd. VIII., S. 327 und Bd. XIX., S. 372). Auch die Auffassung, daß der Eigentümer nach eigenem Ermessen über das beanstandete Vieh zu dem gesetzlich zulässigen Zwecke verfügen dürfe, während die Polizei abzuwarten habe, bis er gesetzwidrig handle oder doch den Versuch dazu mache, und daß das Einschreiten der Polizei kein absolut sicheres Mittel gegen die Möglichkeit der Verwendung gesundheitsschädlichen Fleisches als Nahrungsmittel sei, während der „unbescholtene Besitzer" die genügende und denkbar größte Sicherheit in dieser Beziehung biete, ist völlig unhaltbar und steht im Widerspruch mit dem bestehenden Rechtszustande und dem Beruf der Behörde auf dem Gebiete der präventiven Polizei, insbesondere des Gesundheitswesens, indem sie ihr lediglich eine restriktive Thätigkeit anweisen will.

Nr. 115.

Endurteil des I. Senats vom 6. Januar 1894 (Entsch. Bd. XXVI. S. 75).

1) Sind in einem Falle cholera- oder pest-verdächtiger Erscheinungen an der Ladung eines Schiffes (Häute und Felle) auf Anordnung der Polizeibehörde Desinfektionskosten entstanden und entsteht Streit darüber, ob dieselben durch einen Akt der Orts- oder der Landespolizei erwachsen sind, so ist zu unterscheiden, ob die polizeilich zu schützenden Gemeininteressen in erster Reihe solche der nachbarlichen örtlichen Gemeinschaften (Gemeinden u. s. w.) sind, oder ob sie über diese räumliche Beschränkung hinaus in weiteren Bezirken, vielleicht als unmittelbar einheitliche Interessen des Staates hervortreten und daneben zweitens, ob diese Gemeininteressen der ersteren Art demnach zu solchen der Landes- oder die der letzteren zu solchen der Ortspolizei durch positive Normen zu solchen erklärt worden sind.

2) Maßnahmen, die auf die Verhinderung der Einschleppung von Seuchen aus dem Auslande in das Inland oder auf die ihrer Verbreitung im Inlande von einer Gegend zur andern abzielen, müssen als landespolizeiliche, diejenigen aber, die auf Bekämpfung oder Beschränkung der Krankheit innerhalb des einzelnen Ortes gerichtet sind, als ortspolizeiliche erachtet werden.

3) Die Maßnahmen zur Ueberwachung der Seehäfen sind landespolizeilicher Natur, so daß die dadurch entstehenden Kosten der Staatskasse zur Last fallen. Daß die Kosten der Desinfektionsmittel an den Schiffseigentümer zu erstatten sind, schließt die landespolizeilche Natur nicht aus.

4) Ob die desinfizierten Waaren bereits gelöscht (ausgeladen) waren oder nicht, ist ohne Einfluß auf den vorstehenden Rechtsgrundsatz.

Nr. 116.

Endurteil des I. Senats vom 3. Februar 1894 (Entsch. Bd. XXVI. S. 376).

Hat ein Deutscher die deutsche Staatsangehörigkeit durch zehnjährigen Aufenthalt im Auslande verloren und will er sich demnächst im Reichsgebiete niederlassen, so steht ihm ein Rechtsanspruch auf Wiederaufnahme nicht zu, wenn er inzwischen Angehöriger eines fremden Staates geworden ist.

Nr. 117.

Endurteil des IV. Senats vom 12. Dezember 1893 (Entsch. Bd. XXVI. S. 380).

1) Ein auf Grund des Gesetzes über die Polizeiverwaltung vom 11. März 1850 bezw. der Verordnung für die neu erworbenen Landesteile vom 20. September 1867 (G.=S. S. 1529) und des sechsten Titels des L.=V.=G. vom 30. Juli 1883 ordnungsmäßig erlassene, rechtswirksam gewordene Polizeiverordnung kann, sofern sie nicht für eine begrenzte Zeitdauer ergangen ist, mit deren Ablauf sie dann ohne weiteres hinfällig wird, nur dadurch außer Kraft gesetzt werden, daß entweder eine neue ihr inhaltlich widersprechende Polizeiverordnung, mag diese nun ausschließlich die Aufhebung der früheren Verordnung oder eine an deren Stelle tretende neue Rechtsnorm aussprechen, unter Beobachtung der für den Erlaß von Polizeiverordnungen geltenden Vorschriften von derselben Instanz, von welcher die frühere Verordnung ausgegangen war oder von einer hierzu zuständigen höheren Polizeibehörde erlassen wird, oder daß eine zur Außerkraftsetzung zuständige höhere Behörde durch förmlichen Beschluß die Außerkraftsetzung ausspricht.

2) Die Beseitigung der von einer höheren Behörde erlassenen Polizeiverordnung seitens einer ihr nachgeordneten Polizeibehörde kann nur in denjenigen Fällen erfolgen, in welchem ein Reichs= oder Landesgesetz bestimmte Behörden zum Erlaß polizeilicher Bestimmungen ermächtigt, woraufhin diese kraft der durch Gesetz erfolgten Delegation auch befugt sind, Bestimmungen zu treffen, welche von älteren, seitens einer höheren Behörde früher erlassen gewesenen Polizeivorschriften abweichen und an deren Stelle treten, diese soweit außer Kraft setzen.

Nr. 118.

Endurteil des I. Senats vom 8. Mai 1894 (Entsch. Bd. XXVI. S. 386).

Die Ortspolizeibehörden sind befugt, als Organe der Staatsanwaltschaft auf deren Ersuchen oder aus eigener Erwägung in Strafsachen, Anordnungen (Vorladungen u. s. w.), Zwangsandrohungen u. s. w. zu erlassen. Gegen solche Auslassungen findet die Beschwerde an die Justizbehörde statt, nicht aber sind in diesem Falle die Rechtsmittel aus §§ 127 und 133 des Landesverwaltungsgesetzes vom 30. Juli 1893 anwendbar.

Nr. 119.

Endurteil des IV. Senats vom 6. Juni 1894 (Entsch. Bd. XXVI. S. 393).

1) Handelt es sich um die Benutzung eines Grundstücks und um Anordnungen, welche für die Benutzung den polizeimäßig vorgeschriebenen Zustand bezielen, so kann nicht unterschieden werden, ob sich die Polizeibehörde einem oder allen Miteigentümern des Grundstücks gegenüber befindet. Diesen Zustand herbeizuführen ist Sache desjenigen, der die Benutzung ausüben will, mag dies einer von mehreren Miteigentümern oder mögen dies alle Miteigentümer zusammen sein.

2) Die öffentlich-rechtliche Verpflichtung eines Miteigentümers zur Vornahme von baulichen Maßnahmen auf dem ihm anteilig gehörigen Grundstück im polizeilichen Interesse kommt nicht dadurch in Wegfall, daß der betreffende Miteigentümer in Konkurs geraten ist: an seine Stelle tritt eben dann die Konkursmasse.

Nr. 120.

Endurteil des I. Senats vom 3. April 1894 (Entsch. Bd. XXVI. S. 401).

1) Nach den §§ 2 und 13 des Vereinsgesetzes vom 11. März 1850 sind zu der daselbst erforderten Anzeige die Vereinsleiter nicht nur dann verpflichtet, wenn der Verein statutenmäßig eine Einwirkung auf öffentliche Angelegenheiten bezweckt, sondern auch dann, wenn dies thatsächlich geschieht.

2) Der bloße Verdacht, daß ein Verein „eine Einwirkung auf öffentliche Angelegenheiten nicht ausschließen werde", berechtigt die Polizei noch nicht, die erwähnte im Vereinsgesetz vorgeschriebene Anzeige zu erfordern.

Nr. 121.

Endurteil des I. Senats vom 26. Juni 1894 (Entsch. Bd. XXVI. S. 406.)

1) Die zu einem Verein zusammengetretenen Personen sind zwar verpflichtet, in ihrer Thätigkeit und daher auch bei der Auswahl ihrer Versammlungsräume die polizeilich zu schützenden Gemein-Interessen in Bezug auf Sicherheit von Leben und Gesundheit nicht zu gefährden; die Mitglieder sind aber nicht darum, weil sie zu einem Verein zusammengetreten, nun auch verpflichtet, die für dessen Versammlungen nötigen Räume zu beschaffen oder in polizeimäßigem Zustande zu erhalten. Die Polizei kann daher dem Verein die Benutzung nicht polizeimäßiger Räume untersagen; sie darf ihm aber nicht positiv gebieten, daß er zweckentsprechende Räume baulich herstelle.

2) Die an eine geschlossene Gesellschaft, deren Hauptzweck es ist, geistige Getränke einzukaufen und an die Mitglieder im Gesellschaftslokal zum Verzehr auf der Stelle wieder zu veräußern, gerichtete polizeiliche Verfügung, an einer bestimmten Stelle des von ihr benutzten Lokals ein Mitgliederverzeichnis anzubringen, entbehrt der gesetzlichen Gültigkeit. Dagegen ist die Polizei berechtigt, zur Verhütung von Gewerbe-, Polizei- oder Steuerkontraventionen die Einreichung eines Mitgliederverzeichnisses einer solchen Gesellschaft zu verlangen, auch wenn letztere eine Einwirkung auf öffentliche Angelegenheiten nicht bezweckt.

Nr. 122.

Endurteil des I. Senats vom 7. März 1894 (Entsch. Bd. XXVI. S. 409).

1) Die Verwaltung des Unterrichtswesens ist nicht den Polizeibehörden, sondern besonderen Behörden, den Provinzialschulkollegien und den Abteilungen der Regierungen für Kirchen- und Schulwesen, in höchster Instanz dem Unterrichtsminister übertragen.

2) Die Polizeibehörden sind, in Schulverwaltungsangelegenheiten selbstthätig mitzuwirken, nur zuständig, soweit eine solche Mitwirkung entweder durch das Gesetz ihnen ausdrücklich zugewiesen ist, wie beispielsweise bei der Festsetzung und Einziehung von Schulversäumnisstrafen, oder soweit sie sich nicht blos aus dem Gesichtspunkte der Ordnung im Schulwesen, sondern aus einem allgemeinen polizeilichen Interesse ergiebt.

3) Die Ortspolizeibehörde ist nicht befugt, die Erteilung von Privatunterricht zu untersagen bezw. die Fortsetzung desselben von einer schulaufsichtlichen Erlaubnis abhängig zu machen. Denn wenn es auch die Aufgabe der Polizei ist, zur Verhütung strafbarer Handlungen die nötigen Anstalten zu treffen (§§ 2, 10 II., 17 A. L.-R.), so ist damit doch nicht jede Verletzung öffentlich rechtlicher Normen, auch der ohne Strafandrohung ergangenen, der polizeilichen vorbeugenden Fürsorge unterstellt.

Nr. 123.

Endurteil des III. Senats vom 16. April 1894 (Entsch. Bd. XXVI. S. 293).

1) Die auf Erfordern der Ortspolizeibehörden zur Kenntnis des Publikums gebrachten Preise von Backwaaren können jeder Zeit ermäßigt werden, auch durch Erhöhung des Gewichtes.

2) Solche Taxen sind in Preußen in der Form von Polizeiverordnungen zu erlassen.

XIV.

Die Jagd.

B. Jagdbezirke und Jagdverpachtung.

(Einzuschalten auf S. 38 des Ergänzungsbandes 1893.)

Nr. 39.

Endurteil des III. Senats vom 13. November 1893 (Entsch. Bd. XXV. S. 300).

1) Bei Emanation des Allgemeinen Landrechts bildeten lediglich die bäuerlichen Grundstücke — im Gegensatz zu den herrschaftlichen — den Gemeindebezirk. Was für die Zeit der Emanation des Allgemeinen Landrechts gilt, gilt in den später mit Preußen vereinigten Landesteilen für die Zeit der Einführung des Allgemeinen Landrechts in dieselben.

2) Bezüglich der Bildung der Jagdbezirke stehen die selbständigen Gutsbezirke den Gemeindebezirken gleich. Die Funktionen der Gemeindebehörde in Jagdangelegenheiten werden alsdann von den Gutsvorstehern aufgenommen.

3) Die Gemeindebehörde ist nicht zur Klage darüber legitimiert, daß der Eigentümer von Grundstücken die Jagd auf gutsherrlichem Terrain nicht selbst ausüben darf. Denn die Besitzer der einen gemeinschaftlichen Jagdbezirk bildenden Grundstücke haben kein rechtliches Interesse an den Jagdverhältnissen innerhalb eines anderen Jagdbezirks, noch weniger einen Einfluß auf sie, und die Gemeindebehörde würde sich bei einer Klage auf Feststellung des Mangels eines Rechts zur eigenen Ausübung der Jagd auf Grundstücken des Gutsbezirks, die, ohne 300 Morgen groß zu sein, mit den Grundstücken des Gemeindebezirks im Gemenge liegen, nicht mehr innerhalb der ihr durch den § 9 des Jagdpolizeigesetzes übertragenen Vertretungsbefugnis bewegen. Auch würde bei einer solchen Klage, wenn sie gegen den Gutsbesitzer anzustrengen sein sollte, selbst eine verurteilende Entscheidung dem Gutsvorsteher gegenüber, dem die Bestimmung über die Ausübung der Jagd gemäß § 10 des Jagdpolizeigesetzes für jene Grundstücke zusteht, keine Wirksamkeit haben.

4) Aus der Gleichstellung der Gutsbezirke und der Gemeindebezirke ergiebt sich, daß der Gutsbesitzer zur eigenen Ausübung der Jagd auf weniger als 300 Morgen großen Besitzungen oder Enklaven nicht befugt ist; mit der Jagdausübung auf jenen kleinen Parzellen und Enklaven ist vielmehr nach § 10 des Jagdpolizeigesetzes zu verfahren, d. h. der Gutsvorsteher hat die Jagd ruhen zu lassen, zu verpachten oder durch einen angestellten Jäger auszuüben. Die Folgerung, daß der Gutsbesitzer, weil die Grundstücke nicht zu dem Gemeindebezirk, sondern zum Gutsbezirk gehören, zur selbständigen Ausübung der Jagd auf ihnen ohne Rücksicht auf ihre Größe oder zusammenhängende Lage befugt sei, geht fehl. Ebenso ist die gleiche Schlußfolgerung im Ministerial-Reskript vom 6. Mai 1873 (Min.-Bl. S. 186) unhaltbar.

Nr. 40.

Endurteil des III. Senats vom 15. März 1894 (Entsch. Bd. XXVI. S. 264).

1) Wenn benachbarte Grundstücks-Eigentümer ihre Grundstücke sich gegenseitig zu Miteigentum gegenseitig aufgelassen haben, um auf dem Gesamtcomplex gemeinschaftlich die Jagd auszuüben, so kann der einzelne Miteigentümer, sobald sein Eigentum die erforderliche Größe erreicht, aus der Gemeinschaft wieder ausscheiden mit der Wirkung der selbständigen Jagdausübung.

2) Der Verwaltungsrichter kann auch über das Vorbringen befinden, daß eine simulierte Auflassung vorliege.

3) Der § 9 des Eigentumserwerbsgesetzes vom 5. Mai 1872 enthält nicht die Vorschrift, daß das Grundeigentum nur durch eine zivilrechtliche Klage angefochten werden könne, sondern eine etwa vorhandene Nichtigkeit derselben kann in jeder Weise geltend gemacht werden, also auch im Verwaltungsstreitverfahren gegenüber Ansprüchen, welche sich auf das Grundeigentum stützen.

4) Das Wesen der Simulation besteht darin, daß zum Zwecke der Täuschung etwas als gewollt erklärt wird, was in Wirklichkeit nicht gewollt ist. Bei einem simulierten Vertrage sind beide Parteien darüber einig, daß die in dem Vertrage als gewollt erklärte Rechtswirkung in Wirklichkeit nicht eintreten soll. Wegen der mangelnden Ernstlichkeit des Willens ist der simulierte Vertrag nichtig, und diese Nichtigkeit kann nicht nur von den Vertragschließenden, sondern auch von dritten geltend gemacht werden, gegen welche Ansprüche aus dem simulierten Vertrage erhoben werden. Wegen der-

artige Simulation und gegen deren Richtigkeit schützt auch nicht die Eintragung in das Grundbuch.

Nr. 41.

Endurteil des III. Senats vom 2. November 1893 (Entsch. Bd. XXVI. S. 269).

1) Nach Kurfürstlich Hessischem Jagdrechte (Kurhessisches Gesetz vom 7. September 1865 — Sammlung von Gesetzen für Kurhessen, S. 571), kann die zur eigenen Ausübung der Jagd erforderliche zusammenhängende Grundfläche von mindestens 100 Kasseler Äckern durch Hinzulegung von Grundstücken hergestellt werden, diese Grundstücke dürfen aber nicht außerhalb des betreffenden Gebietes liegen.

2) Dasselbe gilt von den derartigen Zusammenlegungen in dem Geltungsbereiche des Jagdpolizei-Gesetzes vom 7. März 1850 (G.-S. S. 165).

Nr. 42.

Endurteil des III. Senats vom 31. Mai 1894 (Entsch. Bd. XXVI. S. 273) **und vom 9. April 1894** (a. a. O. S. 275).

In Wildschadenssachen (Gesetz vom 11. Juli 1891 — G.-S. S. 307) sind dem unterliegenden Teile in der Revisionsinstanz die Kosten dieser Instanz und die baaren Auslagen aufzuerlegen.

XVI.

Die Fischerei.

(Einzuschalten auf S. 52 des Ergänzungsbandes 1892.)

Nr. 8.

Endurteil des III. Senats vom 18. Juni 1894 (Entsch. Bd. XXVI. S. 260).

1) Ein Gewässer, welches ausschließlich oder doch wenigstens hauptsächlich zur Fischzucht nicht angelegt ist, sondern dessen Hauptbestimmung die eines Mühlenteiches ist, ist, wenn auch in ihm daneben Fischzucht betrieben wird, oder betrieben worden ist, als ein „geschlossenes Gewässer" im Sinne der Nr. 1 des § 4 des Fischereigesetzes vom 30. Mai 1874 (G.-S. S. 197) nicht anzusehen.

2) Die Anwendung der Nr. 2 des § 4 darf aus dem Grunde nicht schon verneint werden, weil zwischen dem Teiche und dem damit im Zusammenhange stehenden Mühlengraben eine an und für sich zum Wechsel der Fische geeignete Verbindung vorhanden ist. Bei der Frage nach dem Fehlen oder Vorhandensein einer für den Wechsel der Fische geeigneten Verbindung sind auch künstliche Hindernisse zu berücksichtigen, und es wird dem gesetzlichen Erfordernisse genügt, wenn zu der Zeit, wo über die Eigenschaft eines Gewässers als eines geschlossenen oder nicht geschlossenen Gewässers Entscheidung zu treffen ist, in Folge der natürlichen oder der künstlich geschaffenen Verhältnisse keine für den Fischwechsel geeignete Verbindnng vorhanden ist.

XVII.

Das Wasser.

(Einzuschalten auf S. 43 des Ergänzungsbandes 1893.)

Nr. 75.

Endurteil des III. Senats vom 4. Mai 1893 (Entsch. Bd. XXV. S. 282).

1) Nach § 100 Titel 8 Teil 1 des Allgemeinen Landrechts ist in der Regel ein Jeder die über sein Eigentum gehenden Gräben und Kanäle, wodurch das Wasser seinen ordentlichen und gewöhnlichen Ablauf hat, zu unterhalten verbunden, und nach § 10 des Vorflutgesetzes kann die Polizeibehörde denjenigen dem die Unterhaltung eines Grabens oder Wasserabzuges obliegt, zu dessen Auskrautung oder Räumung anhalten. Auf Grund dieser Bestimmung ist die Polizeibehörde befugt, den Unterhaltungspflichtigen mit polizeilichen Maßregeln zur Räumung anzuhalten. Zugleich ist der Polizeibehörde die Aufgabe zugewiesen, zu bestimmen, wie geräumt werden soll. Eine im Verwaltungsstreitverfahren verfolgbare Klage mit dem Ziele, den Grundbesitzer zu einer Räumung zu zwingen, namentlich ihm aufzugeben, wie er räumen soll, giebt es nicht; insbesondere ist eine derartige Klage auch im § 66 Abs. 3 des Zuständigkeitsgesetzes nicht vorgesehen. Nach dieser Vorschrift unterliegen zwar Streitigkeiten der Beteiligten darüber, wem von ihnen die öffentlich-rechtliche Verbindlichkeit zur Räumung von Gräben obliegt, der Entscheidung im Verwaltungsstreitverfahren. Allein diese Streitigkeit betrifft die abstrakte öffentlich-rechtliche Verbindlichkeit, Gräben und Privatflüsse zu räumen. Die anzustellende Klage ist keine Leistungsklage, keine Klage auf Vornahme einer Handlung. Der Klageantrag kann nur dahin gerichtet werden, den Beklagten zu verurteilen, anzuerkennen, daß ihm die öffentlich-rechtliche Verbindlichkeit zur Räumung des betreffenden Gewässers obliege, nicht aber, daß er eine bestimmte Räumung vornehme.

2) Nach § 68 Zust.-Ges. beschließt der Kreis-(Stadt)-Ausschuß über Anträge auf Beschaffung von Vorflut. Das Recht auf Vorflut ist ein Quasi-Expropriationsrecht (§ 54 des Enteignungsgesetzes vom 11. Juni 1874); es soll dem Antragsteller die Möglichkeit gegeben werden, auf seine Kosten Veranstaltungen auf fremdem Grund und Boden zu treffen, auf seine Kosten sich ein fremdes Grundstück behufs Ableitung stehenden Wassers dienstbar zu machen.

Nr. 76.

Endurteil des III. Senats vom 1. Mai 1893 (Entsch. Bd. XXV S. 286).

1) Zur Anstrengung der Klage auf Erstattung des Geleisteten gegen die vermeintlich verpflichtete Stadtgemeinde seitens des von der Wasserpolizeibehörde zur Räumung eines Flußbettes aufgeforderten Adjazenten ist nicht notwendig, daß vorher der Kläger die von ihm geforderte Leistung durch Einspruch aus Abs. 2 des § 66 Zust.-Ges. angefochten hat. Die im Abs. 4 l. c. vorgeschriebene Klagefrist von 2 Wochen bezieht sich nur auf die zulässige Klage gegen den auf Einspruch ergangenen Beschluß der Wasserpolizeibehörde und die zur Vervollständigung der Klage gewährte Nachfrist. Des-

halb ist eine Klage auf Erstattung des Geleisteten ohne die Einhaltung einer solchen Frist und ohne vorangegangenen Einspruch auch später zulässig.

2) Der § 66 Zust.-Ges. handelt ferner nur von der dauernden Räumungspflicht und die Klagen aus § 66 Abs. 3 und 4 können nur darauf gestützt werden, daß Beklagter aus Gründen des öffentlichen Rechts wie Observanz zur dauernden Räumung verpflichtet ist.

Handelt es sich um Beseitigung vorübergehender sanitärer Uebelstände, greifen die Bestimmungen im § 3 des Ges. vom 11. März 1850 Platz.

Nr. 77.

Endurteil des III. Senats vom 23. März 1893 (Entsch. Bd. XXV. S. 290).

1) Giebt der Kreisausschuß eine an ihn zur Entscheidung gerichtete Klage von Amtswegen und ohne vorherige Anhörung des Klägers an den Bezirksausschuß ab und hat sich Kläger in der mündlichen Verhandlung beim Bezirks-Ausschuß mit der Klage eingelassen, so ist damit das stillschweigende Einverständnis mit der Klageabgabe ausgesprochen und die nachträgliche Bemängelung der Zuständigung des Bezirks-Ausschusses unerheblich. Der Streit kann dann nicht mehr an den Kreisausschuß zurückgebracht werden. Der Kläger mußte ungesäumt der Abgabe der Klage widersprechen. Sobald dies unterlassen, kann Kläger die Sache dem Bezirks-Ausschuß nur noch durch eine Zurücknahme der Klage entziehen.

2) Die im Geltungsbereiche der das Wasserbauwesen betreffenden Hannoverschen Verordnung vom 1. September 1852 von den Landräten und Wasserbau-Inspectoren als sogenannte Schaukommissionen erlassenen wasserpolizeilichen Anordnungen sind als in Ausübung der Ortspolizei erlassene Verfügungen anzusehen und demgemäß je nachdem dieselben eine Räumungsanordnung im Sinne des § 66 Zust.-Ges. oder eine allgemein-polizeiliche Verfügung nach §§ 127 ff. L.-V.G. betreffen, mit den dort bezeichneten Rechtsmitteln anzugreifen.

Nr. 78.

Endurteil des III. Senats vom 25. September 1893 (Entsch. Bd. XXV. S. 294).

1) Im Geltungsbereich der Holsteinischen Wasserlösungs-Ordnung vom 16. Juli 1857 greifen die Vorschriften des § 66 Zust.-Ges. nicht Platz, sondern § 82. Daher sind hier gegen polizeiliche Verfügungen bezüglich der Räumung von Wasserläufen die Rechtsbehelfe des Einspruchs mit darauf folgender Klage ausgeschlossen.

Nach dem gegenwärtigen Rechtszustande sind die Entscheidungen und Anordnungen auf dem platten Lande überall von dem Landrat und in den Städten von der städtischen Polizeibehörde abzugeben. Die Amtsvorsteher sind nur Organe des Landrats, der Landrat läßt das Wasserlösungswesen durch sie beaufsichtigen, wie dies durch die Kirchspielvögte früher geschehen ist; zum Erlaß von Anordnungen (Verfügungen) und Entscheidungen nach §§ 10, 11, 12 der Wasserlösungs-Ordnung und § 82 Abs. 1 Nr. 1 u. 2 Zust.-Ges. sind sie indes nicht befugt.

2) Im § 81 Zust.-Ges., letzter Absatz, muß es statt „des § 17 a. a. O. heißen „des § 16 a. a. O. § 17 ist ein Druckfehler.

Nr. 79.

Endurteil des III. Senats vom 9. Juli 1894 (Entsch. Bd. XXVI. S. 249).

1) Wenn Graben-Räumungskosten vorschußweise eingezogen sind und wenn dagegen die Erstattungsklage erhoben wird, so ist gegen die letztere der Einwand unzulässig, daß zunächst Rechnung gelegt werden müsse über die Verwendung der eingezogenen Vorschüsse und daß nur der wirklich verwandte Teil des Vorschusses zu erstatten sei.

2) Ist das Räumungsbedürfnis und die Befugnis der Wasserpolizeibehörde nicht schon in einem Vorprozesse zwischen denselben Parteien über die Vornahme der angeordneten Räumung festgestellt worden, so können gegen den Erstattungsanspruch der Mangel einer Notwendigkeit der Räumung und der Mangel der Befugnis der Wasserpolizeibehörde zur Anordnung der Räumung eingewendet werden.

3) An die gutachtlichen Aeußerungen der Schaukommissionen ist die Ausübung der wasserpolizeilichen Befugnisse des Amtsvorstehers nicht gebunden.

Nr. 80.

Endurteil des II. Senats vom 13. November 1893 (Entsch. Bd. XXVI. S. 254.)

Eine Veranlassung zur Wiedereinsetzung in den vorigen Stand gegen Fristversäumung kann in der Thatsache gefunden werden, daß die Wasserpolizeibehörde über einen verspäteten Einspruch sachlich beschlossen hat. (Zuständigkeitsgesetz vom 1. August 1883 § 66 und Landesverwaltungsgesetz vom 30. Juli 1883 § 52.)

Nr. 81.

Endurteil des III. Senats vom 14. Dezember 1893 (Entsch. Bd. XXVI. S. 256).

Die Vorschriften in den §§ 10 und 12 der Holsteinischen Wasserlösungs-Ordnung vom 16. Juli 1857 (Ministerialblatt für die Herzogtümer Holstein und Lauenburg, Stück 57 Nr. 88 S. 208) finden auch Anwendung bei der Regelung und Beaufsichtigung der Stau-Anlagen.

Nr. 82.

Endurteil des III. Senats vom 19. Februar 1894 (Entsch. Bd. XXVI. S. 258).

Die Fährinteressenten haben kein im Verwaltungsstreitverfahren gegen die Strombauverwaltung verfolgbares Recht auf die Herstellung eines Zuganges zu einer öffentlichen Fähre über einen öffentlichen schiffbaren Fluß, wenn vor der Fähre eine künstliche Anlandung liegt. — Gesetz, betreffend die Befugnisse der Strombauverwaltung gegenüber den Uferbesitzern an öffentlichen Flüssen vom 20. August 1883 §§ 5 und 13 (G.-S. S. 333). —

XIX.

Die Wege.

(Einzuschalten auf S. 54 des Ergänzungsbandes 1893.)

Nr. 180.

Endurteil des IV. Senats vom 9. Mai 1893 (Entsch. Bd. XXV. S. 203).

1) Der Regel nach bilden, wo eine öffentliche Ortsstraße aus Fahrdamm und Bürgersteig besteht, der Fahrdamm und der Bürgersteig eine Einheit derart, daß der Bürgersteig die Bestimmung hat, auch den Verkehr von der Fahrbahn weg und zu derselben hin zu vermitteln. Wird es durch die Verhältnisse der Straße und den auf ihr stattfindenden Verkehr erforderlich, die Grenze zwischen Fahrdamm und Bürgersteig neu zu regulieren, so wird die Regulierung im Hinblick darauf zu erfolgen haben, daß die Straße so ein Ganzes bildet, und es wird, insoweit die Unterhaltung des Bürgersteigs und des Fahrdamms verschiedenen Verpflichteten obliegt, deren Verpflichtung nicht ausschließlich danach zu bemessen sein, ob die Notwendigkeit der Regulierung in höherem oder geringerem Grade in den Verhältnissen des Bürgersteigs oder des Fahrdamms ihren Ursprung hat, sondern es wird, sofern überhaupt die anderweite Abgrenzung aus den Rücksichten des öffentlichen Straßenverkehrs sich als notwendig ergiebt, der zur Unterhaltung des Bürgersteigs Verpflichtete bezüglich des letzteren die Unterhaltungslast in dem Umfange der sachgemäß erfolgten neuen Abgrenzung des Bürgersteigs zu übernehmen haben, wie umgekehrt auch da, wo bei einer solchen Neuabgrenzung unter Verbreiterung des Fahrdamms eine Verengerung des Bürgersteigs erfolgt, der zur Unterhaltung des Fahrdamms Verpflichtete dem die Last der Bürgersteigunterhaltung Tragenden einen Teil dieser Last abzunehmen haben würde.

2) Nach gemeinem Märkischen Recht liegt die Wegebaupflicht — also auch die Unterhaltung der Bürgersteige — innerhalb des Gemeindebezirks als eine polizeiliche Last der Gemeinde ob. Ist diese Wegelast nicht durch eine nachgewiesene Observanz auf die Adjacenten der Ortsstraßen übergegangen, so kann z. B. die Unterhaltung des Bürgersteiges nicht ohne weiteres durch Polizeiverordnung als eine neue Last den Adjacenten aufgebürdet werden.

No. 181.

Endurteil des IV. Senats vom 3. November 1893 (Entsch. Bd. XXV. S. 207).

1) Der Anschluß an das Rechtsmittel des Gegners ist an eine bestimmte Form nicht gebunden; es genügt deshalb jede Erklärung, aus welcher die Absicht des Anschlusses zu entnehmen ist (cfr. auch Bd. VII. S. 260).

2) Der Amtsvorsteher als Wegepolizeibehörde ist nicht berechtigt, aus irgend einem Grunde mit den Interessenten einen Vergleich zu schließen, respektive einen Verzicht über die Inanspruchnahme eines Weges für den öffentlichen Verkehr auszusprechen, wenn er sich auch durch den Verlauf des Streitverfahrens davon überzeugt, daß der streitige Weg kein öffentlicher ist oder daß der Beweis der Oeffentlichkeit nicht überzeugend dem Richter zu führen sei; denn ein solcher Vergleich, wie er sonst für die

privatrechtlichen Rechtsverhältnisse zutrifft, widerspricht dem öffentlichen Recht, da der Amtsvorsteher nicht über die in seinem Amte begründeten Befugnisse, die nicht lediglich als Rechte, sondern zugleich als Amtspflichten zu beurteilen sind, wirksam verzichten kann.

Daß ein solcher Vergleich vor dem Kreisausschuß anläßlich des Verwaltungsstreitverfahrens abgeschlossen ist, ändert hieran nichts. Der so unwirksame Vergleich schließt keineswegs aus, daß später die Polizeibehörde aus eigener Entschließung oder auf Weisung der Aufsichtsbehörde (§ 50 Abs. 3 L.=V.=G.) den Weg gleichwol für den öffentlichen Verkehr in Anspruch nimmt. Ebenso steht den Interessenten der Rücktritt von dem Vergleiche zu.

3) Die Schließung eines einmal rechtsgültig dem öffentlichen Verkehr bestimmten Hofes für diesen Verkehr läßt sich nur in einem Verfahren nach Maßgabe des § 57 Zust.=Ges. erreichen.

No. 182.

Endurteil des IV. Senats vom 7. November 1893 (Entsch. Bd. XXV. S. 216).

1) Die Aufsicht über die öffentlichen Wege, die Sorge dafür, daß den Bedürfnissen des öffentlichen Verkehrs in bezug auf das Wegewesen Genüge geschieht, demgemäß auch die Anordnung, welche Leistungen für den einzelnen öffentlichen Weg aufzuwenden sind, ob ein Weg als öffentlicher neu anzulegen, ob ein Weg, dessen Eigenschaft als eines öffentlichen streitig ist, für den öffentlichen Verkehr in Anspruch zu nehmen ist, ob die Einziehung oder Verlegung eines öffentlichen Weges stattzufinden hat, ist in §§ 55—57 des Zuständigkeitsgesetzes vom 1. August 1883 der Wegepolizeibehörde vorbehaltlich der hier gegen die Anordnung nachgelassenen Rechtsmittel übertragen. Behufs der Nötigung der Wegepolizeibehörde zum Erlaß einer solchen Anordnung ist die Klage weder allgemein, noch demjenigen gegeben, welcher hieran ein besonderes Interesse nachweisen zu können vermeint. Deshalb (siehe auch § 7 Abs. 2 des Gesetzes über die allgemeine Landesverwaltung vom 30. Juli 1883) verbleibt es bei dem Rechtszustand, wie solcher vor Einführung der Verwaltungsgerichtsbarkeit begründet war, wonach gegenüber der in Uebung ihres Amtes lässigen oder den Erlaß einer derartigen Anordnung ablehnenden Wegepolizeibehörde — was § 57 des Zuständigkeitsgesetzes für die Ablehnung des Antrages auf Schließung oder Verlegung eines öffentlichen Weges zum besonderen Ausdruck gebracht hat — allein die Anrufung der Aufsichtsbehörde stattfindet. Ebensowenig ist aber im § 56 a. a. O. die Klage im Verwaltungsstreitverfahren darüber, welche Leistungen für einen öffentlichen Weg aufzuwenden, ob ein Weg als öffentlicher neu anzulegen oder ob ein Weg, dessen Eigenschaft als öffentlicher streitig ist, für den öffentlichen Verkehr in Anspruch zu nehmen ist, unter den Beteiligten unmittelbar eingeführt. Was hier der Entscheidung im Verwaltungsstreitverfahren unter den Beteiligten überwiesen ist, betrifft lediglich Ansprüche auf Uebernahme einer von der Wegepolizeibehörde angeordneten Leistung und auf grundsätzliche Feststellung, wem nach öffentlichem Recht der Bau und die Unterhaltung eines öffentlichen Weges obliegt (siehe Entscheidung des Ober=Verwaltungsgerichts Bd. XVIII. S. 248).

2) Die Klage im Verwaltungsstreitverfahren ist zulässig, wenn der streitige Weg als ein öffentlicher unbestritten oder doch nach der Behauptung der Wegepolizeibehörde bestände und der Kläger erweislich ein rechtliches Interesse

an der Feststellung hätte, ob ihm oder einem in Anspruch genommenen Dritten die bauliche Unterhaltung des Weges obliege; zu dem Zwecke aber, daß das Bestehen eines öffentlichen Weges und demgemäß die Unterhaltungspflicht festgestellt werde, wiewol die Wegepolizeibehörde das Bestehen eines solchen Weges in Abrede genommen hat, findet die Klage im Verwaltungstreitverfahren überhaupt nicht statt.

3) Hat ein Grundbesitzer eigenmächtig und widerrechtlich Gräben durch einen öffentlichen Weg gezogen, so kann er zwar von der Ortspolizeibehörde zur erstmaligen Herstellung der nötigen Ueberbrückungen, nicht aber zur dauernden Unterhaltung derselben nach öffentlichem Recht angehalten werden. Die Gemeinde hat vielmehr, falls sie glaubt, daß ihre Wegebaulast durch die unberechtigte Anlage der Gräben und die demzufolge notwendig gewordenen Ueberbrückungen gesteigert sei, ihre Schadenersatzansprüche im ordentlichen Rechtswege zu verfolgen. Die Thatsache, daß jemand Gräben quer durch den Fußweg gelegt hat, — die Eigenmächtigkeit und Unerlaubtheit dessen angenommen — kann höchstens dessen Pflicht zur erstmaligen Herstellung, nicht auch zur dauernden Unterhaltung der nötigen Ueberbrückungen nach öffentlichem Rechte begründen. Es besteht kein öffentlicher Rechtssatz dahin, daß derjenige, welcher die öffentliche Rechtsordnung gestört hat, neben der Beseitigung der Folgen seiner Störung für die Erhaltung des wiederhergestellten Zustandes dauernd aufzukommen hat. Vermeint die Gemeinde, daß ihre Wegebaulast durch unberechtigte Anlage der Gräben gesteigert sei, so bleibt ihr die Verfolgung von Schadenersatzansprüchen im ordentlichen Rechtswege unbenommen.

Nr. 183.

Endurteil des IV. Senats vom 10. Oktober 1893 (Entsch. Bd. XXV. S. 222).

Nach dem bestehenden Rechte können öffentliche Wege eingezogen werden, sobald sie überflüssig sind, d. h. sobald auf ihnen thatsächlich kein Verkehr mehr stattfindet oder dieser ohne Beinträchtigung von Vekehrsinteressen auf einen andern Weg gewiesen werden kann, oder aber, wenn der öffentliche Weg zwar nicht überflüssig ist, gleichwol aber anderweite öffentliche Interessen, welche die Polizei wahrzunehmen hat, überwiegend für die Einziehung sprechen.

Bei Beurteilung der Frage, ob ein Weg überflüssig und deshalb einzuziehen ist, sind nicht lediglich die thatsächlichen Verkehrsverhältnisse in Berücksichtigung zu ziehen, wie sie im Augenblick vorliegen, sondern auch zu erwägen, ob der Weg in Zukunft, wie sie sich nach menschlicher Berechnung aus den thatsächlichen Verhältnissen ergiebt, überflüssig *bleibt*.

Nr. 184.

Endurteil des IV. Senats vom 24. Oktober 1893 (Entsch. Bd. XXV. S. 228).

1) Die städtischen Straßen sind in *erster* Linie für den Verkehr mit den daran liegenden Grundstücken und Gebäuden bestimmt; es ist deshalb jedenfalls unthunlich, eine bebaute Straße blos aus dem Grunde einzuziehen, weil für den durchgehenden Verkehr an anderer, nahe gelegener Stelle eine bessere Verbindung eröffnet ist. Deshalb kann auch den Anliegern an solchen Gassen die Verbindung mit dem Straßennetze nicht einfach genommen werden.

Will die Stadtgemeinde ältere den Anforderungen der Gegenwart nicht mehr entsprechende Gassen beseitigen, kann dies nur nach Maßgabe des § 57 Zust.-Ges. geschehen.

2) Das öffentliche Interesse an der Beibehaltung eines Weges setzt sich im wesentlichen aus den Privatinteressen aller derjenigen zusammen, die den Weg benutzen und auf ihn angewiesen sind. Jeder Anlieger eines Weges hat ein hervorragendes Interesse an der Nichteinziehung derselben und dies darf nicht deshalb bei Seite geschoben werden, weil das Bestreben des Interessenten schließlich darauf hinausläuft, einen Vermögensschaden von sich abzuwenden, da dieser Zweck mehr oder weniger immer mit den Einsprüchen gegen die Kassierung eines Weges verfolgt wird.

3) Ebensowenig können Baugrundstücke, die an eine alte, seit langer Zeit bestehende städtische Straße grenzen, nicht einfach von der Straße durch Kassierung des vor ihnen liegenden Straßenteils abgeschnitten werden; das erscheint der Regel nach bei ihnen ebensowenig zulässig, wie bei bebauten Grundstücken. Ein derartiges Verfahren läßt sich auch nicht dadurch rechtfertigen, daß auf diese Weise eine an sich wünschenswerte Verbesserung des Straßenzuges erreicht wird. Liegen die Verhältnisse derart, so bleibt der Stadtgemeinde nur übrig, sich vor Einziehung der Straße mit den betreffenden Grundbesitzern zu einigen und damit einem Widerspruch gegen die beabsichtigte Maßregel vorzubeugen. Daß der Platz zur Zeit unbebaut und von der Straße durch eine Mauer ohne Oeffnung getrennt ist, entscheidet an sich noch nicht. Dagegen würde allerdings eine andere Beurteilung einzutreten haben, wenn das Grundstück überhaupt der Bebauung entzogen wäre.

Nr. 185.

Endurteil des IV. Senats vom 14. Juli 1893 (Entsch. Bd. XXV. S. 234).

Bemühen sich die städtischen Behörden zur Förderung öffentlicher Verkehrsinteressen, das Straßennetz der Stadt zu regulieren und beantragen sie zu diesem Zwecke eine Veränderung der bisher bestehenden Wege, so haben sie einen wohlbegründeten Anspruch darauf, in diesem Vorhaben durch die Polizeibehörde mit den ihr nach § 57 Zust.-Ges. zu Gebote stehenden Mitteln unterstützt zu werden, wenn nicht sonstige berechtigte Verkehrsinteressen durch das Project verletzt werden oder sonst dasselbe vom polizeilichen Standpunkt aus zu Bedenken offensichtlich Anlaß giebt.

Nr. 186.

Endurteil des IV. Senats vom 14. November 1893 (Entsch. Bd. XXV. S. 239).

1) Die Wegeordnung für die Provinz Sachsen vom 11. Juli 1891 bestimmt in § 42, daß sie mit dem 1. April 1892 in Kraft trete und von diesem Zeitpunkte ab allein ihre Vorschriften an Stelle aller bisherigen allgemeinen oder besonderen gesetzlichen Vorschriften, Ordnungen, Gewohnheitsrechte und Observanzen in Beziehung auf die Wegebaulast maßgebend seien. Das Gesetz läßt — abgesehen von den Bestimmungen des § 43 cit. — eine Ausnahme hiervon nicht zu und es kann keinem Zweifel unterliegen, daß danach im Geltungsbereiche der genannten Wegeordnung die in den Städten bisher vielfach geltenden Observanzen auch bezüglich der Unterhaltung der Bürgersteige durch die Adjazenten

ihre Rechtsgültigkeit verloren haben und die Baulast auch bezüglich der Bürgersteige in Zukunft in vollem Umfange den Stadtgemeinden obliegt, sofern die genannten Wege überhaupt unter das Gesetz fallen.

Daß die genannte Wegeordnung sich auf die öffentlichen Wege im Gebiete der Städte überhaupt bezieht, steht außer allem Zweifel, denn die Städte sind nicht nur nicht — was andernfalls einen klaren Ausdruck gefunden haben müßte — von ihrem Geltungsgebiete ausgenommen, sondern es wird an verschiedenen Stellen sogar auf sie ausdrücklich Bezug genommen, und es werden die Zuständigkeiten der Behörden für gewisse Kategorien von Städten besonders geregelt. Es bedarf in dieser Hinsicht nur einer Hinweisung auf die Bestimmungen der §§ 8, 17, 18, sowie bezüglich der Stadtkreise auf die Vorschriften der §§ 23 und 41. Der § 20 a. a. O. bestimmt, daß, wenn die Erfüllung der Wegebaulast in einzelnen Fällen die Kräfte der Verpflichteten übersteigt, der Kreis denselben eine Beihilfe zu gewähren hat, wobei der Kreisvertretung auf den Vorschlag des Kreisausschusses die Regelung dieser Kreishilfe anvertraut ist.

Aus den §§ 23 und 41 a. a. O. geht unwiderleglich hervor, daß auch die Stadtkreise unter das Gesetz fallen. Wenn aber Stadtgemeinde und Kreis zusammenfallen (§ 169 der Kreisordnung für die östlichen Provinzen), so kann selbstverständlich von einer von der Gemeindeleistung verschiedenen Kreishilfe nicht die Rede sein, und es kann sachlich auch durchaus nicht auffallen, wenn das Gesetz mit einer etwaigen Hilfsbedürftigkeit der großen Kreise für sich bildenden Städte gar nicht rechnet. Es entspricht das vielmehr nur dem Rechtszustande anderer Provinzen, in denen die Kreishilfen bei Wegebauten vorgesehen sind, dagegen ist aus dem Gesetze kein Grund herzuleiten, der gegen die Möglichkeit der Gewährung von Kreisbeihilfen auch an nicht eximierte Städte, welche einem Kreise angehören, spreche. Die städtischen Straßen sind zweifellos öffentliche Wege im Sinne des § 1 der Wegeordnung und zwar soweit nicht besondere Ausnahmeverhältnisse obwalten — z. B. Chausseezüge innerhalb der Stadt — nach §§ 15 und 16 a. a. O. Gemeindewege. Hätten sie dem Gesetze also nicht unterstellt werden sollen, so hätte es einer bestimmten dahin gehenden Anordnung im Gesetze bedurft, wie eine solche im § 14 a. a. O. bezüglich der Verkehrswege auf Deichen und Dämmen, der Eisenbahnen und Kunstraßen stattgefunden hat, während aus der Bestimmung des § 8 sich ergiebt, daß die städtischen Straßen vom Gesetzgeber ausdrücklich mit ins Auge gefaßt sind.

Richtig ist, daß, wenn die Bürgersteige der städtischen Straßen unter das Gesetz fallen, durch die Bestimmungen der §§ 38 und 42 ein Rechtszustand geschaffen ist, der zum Nachteile der Städte nur den ländlichen Ortschaften das Recht giebt, die Polizeilast der Unterhaltung der Bürgersteige den Eigentümern der adjazierenden Grundstücke zuzuweisen. Daraus aber zu schließen, daß es der bestimmte Wille des Gesetzgebers gewesen sei, die Unterhaltungslast der Bürgersteige in den Städten von der Regelung durch das Gesetz auszuschließen, würde allen Regeln der Gesetzesauslegung widersprechen. Sowol in der Gesetzgebung wie in der Rechtsprechung ist es allgemein anerkannt, daß, soweit nicht besondere Bestimmungen zu einer Ausnahme nötigen, die Bürgersteige Teile der öffentlichen Wege sind und daß sich ihre Anlegung und Unterhaltung nach den für die Anlegung und Unterhaltung der öffentlichen Wege überhaupt gegebenen Vorschriften richtet. Diese Auffassung liegt nicht nur den Bestimmungen der §§ 78 und 81 Titel 8 Teil I. des Allgemeinen Landrechts zu Grunde, sondern hat auch für den Geltungsbereich des Straßenanlegungsgesetzes vom 2. Juli 1875 im § 1 Abs. 3 daselbst einen klaren Ausdruck erhalten, wenn daselbst gesagt ist: „Zu einer Straße im Sinne dieses Gesetzes gehört der Straßendamm und der Bürgersteig.“ (Vergleiche auch bezüglich der Rechtsprechung: Entscheidungen des Ober-Verwaltungsgerichts Band I. Seite 260, Band V. S. 443, Band VIII. Seite 190, Preußisches Verwaltungsblatt Jahrgang VI. Seite 204, 244, Jahrgang IX. Seite 154, Jahrgang XIV. Seite 67.) Es mag hier weiter noch darauf hingewiesen werden, daß, wenn die Bürgersteige in den Städten nicht Teile der öffentlichen Wege wären, bezüglich ihrer Unterhaltung die Zuständigkeit der Wegepolizeibehörde und der Verwaltungsgerichte ohne rechtliche Grundlage wäre, da die — auch für die Wegeordnung der Provinz Sachsen nach § 42 Abs. 2 — maßgebenden §§ 55 ff. des Zuständigkeitsgesetzes und der § 59 der Kreisordnung für die östlichen Provinzen nur von öffentlichen Wegen, von Wegesachen im allgemeinen handeln, ohne für die sogenannten Bürgersteige eine besondere Zuständigkeit zu konstituieren.

Sind aber die Bürgersteige Teile der öffentlichen Wege und städtischen Straßen, so würden sie von der Wirkung der Wegeordnung für die Provinz Sachsen, da die städtischen Straßen im allgemeinen ihr unterstehen, nur dann nicht getroffen werden, wenn auch sie wie die im § 14 daselbst genannten Kommunikationsmittel ausdrücklich davon ausgenommen wären. Das ist aber nicht geschehen und der Umstand, daß das Gesetz im § 38 eine von der Regel des Gesetzes abweichende Ordnung der Unterhaltungslast der Bürgersteige lediglich für ländliche Ortschaften vornimmt, berechtigt nicht zu der Annahme, daß deshalb die Regel des Gesetzes auch auf Bürgersteige in den Städten nicht habe Anwendung finden sollen.

Allerdings muß zugegeben werden, daß — abgesehen von der Eigentümlichkeit, daß nur den ländlichen Ortschaften, nicht aber den Städten das Recht der ortsstatutarischen Regelung hinsichtlich der polizeilichen Unterhaltungslast der Bürgersteige verliehen wird, wofür weder das Gesetz selbst, noch die Motive und Beratungen der in Betracht kommenden Körperschaften irgend welche Erklärung darbieten — die Fassung des § 38 Mißverständnissen Raum geben kann. Denn nachdem der § 17 die Baulast betreffs der Gemeindewege in vollem Umfange den Gemeinden auferlegt hat, wird dieser danach auch für die fraglichen öffentlichen Fußwege selbstverständliche Satz für diese im § 38 nochmals ausgesprochen. In den Motiven zu der fraglichen Wegeordnung (Seite 28) wird ausdrücklich gesagt, daß der Entwurf naturgemäß an den letzten Entwurf einer allgemeinen Wegeordnung von 1877 und die zugehörigen Kommissionsbeschlüsse anknüpfe, und in der allgemeinen Begründung zu den §§ 45 bis 50 des Entwurfs (Seite 30), aus welchen letzteren der § 38 des Gesetzes in — abgesehen von einigen Wortänderungen — sonst gleicher Fassung entnommen ist, wird hinzugefügt, daß in bezug auf Verpflichtungen Dritter Bestimmungen über die Herstellung von Fußwegen in ländlichen Ortschaften und längs bebauter Grundstücke in wesentlicher Uebereinstimmung mit früheren Vorlagen getroffen seien.

Davon geht auch der § 81 Titel 8 Teil I des Allgemeinen Landrechts aus, und so ist es vielfach von alten Zeiten her gehalten.

Nachdem die zur Beratung des Gesetzes seitens des Hauses der Abgeordneten niedergesetzte Kommission den § 24 des Entwurfs, welcher im ersten Absatze die allgemeine Bestimmung enthielt, daß in den Gemeinden die Verteilung der Wegebaulast nach dem für die Gemeindelasten bestehenden Verteilungsmaßstabe erfolgen solle, dahin abgeändert hatte, daß sie für Landgemeinden und Städte gesonderte Vorschriften aufnahm und bezüglich der Städte bestimmte, daß die Regelung der Wegebaulast nach dem für die Gemeindelasten bestehenden Maßstabe oder nach Ortsstatuten erfolgen solle, gab sie dem § 63 die Fassung, welche jetzt — abgesehen von einem nicht wesentlichen Zusatze — der § 38 der Wegeordnung für die Provinz Sachsen hat. In der Begründung zu dieser Abänderung ist bemerkt:

> Im Gegensatz zur Regierungsvorlage, welche die für den öffentlichen Verkehr bestimmten öffentlichen Fußwege zur Seite der Fahrstraßen der ländlichen Ortschaften an Stelle des sonst Wegebaupflichtigen von dem Eigentümer der angrenzenden Grundstücke unterhalten wissen will, hat die Kommission gemeint, daß es der ordentlichen Wegeunterhaltung und dem Interesse der Gemeinden mehr entspreche, wenn die Unterhaltung dieser Seitenwege grundsätzlich den Gemeinden auferlegt, diesen aber überlassen werde, je nach Bedürfnis die Unterhaltung durch Ortsstatut den Eigentümern der angrenzenden Grundstücke zu übertragen.

Weshalb die Kommission in dem § 63 des Entwurfes die dort vorgesehene Regelung der Unterhaltungslast der Bürgersteige in den Städten fallen ließ und dieselbe lediglich auf die neben den öffentlichen Wegen in den ländlichen Ortschaften herlaufenden Fußwege beschränkte, hat nirgends einen Ausdruck gefunden. Es mag sein, daß sie — ob zutreffender Weise steht dahin — von der Voraussetzung ausging, daß, nachdem im § 24 den Stadtgemeinden bereits das Recht gewährt sei, die Regelung der Wegebaulast nach Ortsstatuten vorzunehmen, eine Bestimmung, wie sie im § 63 für die ländlichen Ortschaften erfolgte, für die Städte nicht mehr Bedürfnis sei. Jedenfalls ist daraus nicht zu entnehmen, daß die Kommission die Absicht gehabt habe, im Gegensatze zu dem klaren Ziele der Regierungsvorlage die Bürgersteige in den Städten von der Wirkung des beabsichtigten Gesetzes gänzlich auszuschließen. Wäre dieses das Ziel der bei § 63 vorgenommenen Aenderung gewesen, so hätte das auch bei der Fassung des § 12a der Beschlüsse der Kommission einen unmißverständlichen Ausdruck finden müssen. Und wenn nun die Vorlage der Regierung bei dem Entwurfe der Wegeordnung für die Provinz Sachsen den jetzigen § 38 ohne weiteres den Kommissionsbeschlüssen des Jahres 1887 entnahm und in den Motiven noch besonders hervorhob, daß die Bestimmungen desselben in wesentlicher Uebereinstimmung mit früheren Vorlagen getroffen seien und wenn weiter bei der Beratung dieser Vorlage weder im sächsischen Provinziallandtage, noch in den beiden Häusern des Landtages bezüglich der hier behandelten Frage irgend eine Aeußerung fiel, so kann aus der Entstehung der Bestimmung nicht irgend ein Anhalt dafür gefunden werden, daß man die Bürgersteige in den Städten nicht habe unter das Gesetz stellen wollen.

2) Das Gesetz vom 2. Juli 1875 befaßt sich mit der Frage, wem die Wegebaulast bezüglich der öffentlichen Wege obliegt, überhaupt nicht, es enthält auch keine Bestimmung, durch welche einem andern als der Gemeinde, der Wegepolizei gegenüber die Verpflichtung zur Unterhaltung der städtischen

Straßen oder der Bürgersteige übertragen würde. Der § 15 cit. handelt, wie dieses auch in gleichbleibender Rechtsprechung allseitig anerkannt ist, lediglich von der Verteilung der Wegeherstellung und Unterhaltung als einer Gemeindelast, steht also mit der Bestimmung des § 19 der Wegeordnung, nach welcher die Wegebaulast eine Gemeindelast ist, nicht in Widerspruch, auch nicht, wenn diese Wegebaulast die Unterhaltung der Bürgersteige in Städten mitumfaßt.

Nr. 187.

Endurteil des IV. Senats vom 14. November 1893 (Entsch. Bd. XXV. S. 249).

Nach dem hannoverschen Wegerecht trifft nicht ausnahmslos die Wegepflicht diejenige Ortsgemeinde, durch deren Bezirk der Weg läuft. Allerdings stellt der § 24 des hannoverschen Wegegesetzes vom 28. Juli 1851, G.-S. S. 141, einen gegenteiligen Satz bezüglich der Wegebaupflicht voran. Allein indem diesem Paragraphen die Ueberschrift gegeben ist: „Regel", ist hieraus schon zu entnehmen, daß Ausnahmen von der dort gegebenen Bestimmung nicht undenkbar sind und daher die öffentlich-rechtliche Wegepflicht noch anders geordnet sein kann. Es sieht sogar der § 24 im Abs. 2 selbst die Grundlagen für die Konstituierung solcher Ausnahmen von der im Abs. 1 gegebenen Regel vor, indem er auf eine gütliche Vereinbarung zwischen mehreren Nachbargemeinden hinweist, da eine Gemeinde wohl ein wesentliches Interesse daran haben kann, durch den Bezirk einer am Wegebau weniger interessierten Gemeinde auch für diese in den Bezirk der Nachbargemeinde fallende Wegestrecke die Unterhaltung zu übernehmen. Eine derartig getroffene Vereinbarung ist als eine öffentlich-rechtliche Regelung der Wegepflicht anzusehen. Liegt eine solche Vereinbarung nicht vor, so ist für die Wege-Unterhaltung die Regel des § 24 Abs. 1 maßgebend.

Nr. 188.

Endurteil des IV. Senats vom 13. Juni 1893 (Entsch. Bd. XXV. S. 253).

1) Die Verbindung der Klagen aus Abs. 4, 5 und 6 des § 56 des Zust.-Ges. ist rechtlich unzulässig. In dem Streitverfahren, in welchem gegen die Wegepolizeibehörde auf Aufhebung ihres die Wegeunterhaltung anordnenden Beschlusses und zugleich gegen einen Dritten geklagt wird, welchen der Kläger statt seiner zu der ihm angesonnenen Leistung verpflichtet hält, ist nur über den einzelnen von der Polizeibehörde geforderten Baufall zu erkennen. Eine Entscheidung über die Pflicht zur Unterhaltung des Weges im allgemeinen und über den Ersatz von Leistungen, welche nicht die im Streitverfahren angegriffene Anordnung verlangt, ist hierbei ausgeschlossen.

2) Nach § 45 des hannoverschen Wegegesetzes vom 28. Juli 1851 sind alle bisherigen, durch das fragliche Gesetz nicht aufrecht erhaltenen Verpflichtungen zur Anlegung oder Unterhaltung von Gemeindewegen, sowie von Zubehörungen derselben, es mögen solche Verpflichtungen auf gesetzlicher Vorschrift oder einem derselben gleichstehenden Rechtstitel beruhen, ohne Entschädigung der Gemeinden aufgehoben. Ebenso sind alle diesen Vorschriften entgegenstehende, auf öffentlichem Herkommen (Observanz) beruhende Wegepflichten Dritter fortgefallen. Abgesehen von den privatrechtlichen Verpflichtungen, welche aber (§ 47 a. a. O.) nie der Wegepolizeibehörde gegenüber

geltend gemacht werden können, sind nur die im Gesetz ausdrücklich aufrecht erhaltenen Ausnahmen von der regelmäßigen Wegepflicht der Gemeinden (§§ 56—58 a. a. O.) noch in Geltung geblieben.

3) Eine Observanz hat sich nach Erlaß der Wegeordnung vom 28. Juli 1851 mit öffentlich-rechtlicher Wirkung nicht bilden können, da dieselbe als wider das Gesetz laufend rechtsunwirksam wäre.

4) Nach § 56 in Verbindung mit § 58 a. a. O. fallen alle in die Linie eines Gemeindeweges aufgenommenen älteren Brücken der wegepflichtigen Gemeinde anheim und zwar unentgeltlich unbeschadet bestehender Privatansprüche. Ausgenommen sind nach pos. 2 nur Brücken und Durchlässe behufs solcher künstlicher Anlagen und Vorrichtungen, welche für einen dem Gemeindewege fremdartigen Zweck bestehen. — Die Unterhaltung und Erneuerung dieser liegt nach § 57 dem bisher Verpflichteten ob. Nicht darauf kommt es bei Anwendung des gedachten Paragraphen an, welchen Zwecken die Brücke oder Durchlässe gedient haben, sondern ob die Anlage, infolge deren die Brücken vorhanden sind, für einen dem Wege fremdartigen Zweck bestehen oder nicht. Jedenfalls wird die Ausnahme der im § 24 aufgestellten Regel dann Platz greifen, wenn ein bereits bestehender Weg durch die künstliche Anlage eines Wasserlaufs unterbrochen wurde und dadurch die Brücke notwendig geworden ist.

5) Die Zuschiebung des Eides seitens einer Partei als Beweismittel ist im Verwaltungsstreitverfahren unzulässig. (Bd. IX. S. 82 und X. 1. 334.)

Nr. 189.

Endurteil des IV. Senats vom 26. Mai 1893 (Entsch. Bd. XXV. S. 262).

1) Daß mit § 56 Abs. 5 Zust.-Ges. vom 1. Aug. 1883 die in dem Absatz 4 für Streitigkeiten mit der Wegepolizeibehörde und auch unter den Beteiligten anläßlich einer behördlichen Anordnung und über diese Anordnung geregelte Zuständigkeit der Verwaltungsgerichte auf die unter Beteiligten etwa unabhängig von solcher vorausgegangenen behördlichen Anordnung entstehenden Streitigkeiten über die öffentlich-rechtliche Verpflichtung zur Anlage und Unterhaltung öffentlicher Wege hat übertragen werden sollen, darauf deuten die einleitenden Worte: „auch im übrigen unterliegen Streitigkeiten 2c.“ erkennbar hin, während nach der allgemein gehaltenen Fassung nicht abzusehen ist, weshalb unter den „Streitigkeiten“ nicht auch solche über den Ersatzanspruch für eine ohne behördliche Anordnung ausgeführte Wegebesserung einbegriffen sind. Es ist auch nicht erfindlich, welcher innere Grund für die Abgrenzung der Zuständigkeit dahin, daß Ersatzansprüche dieser Art dem ordentlichen Rechtswege, dagegen alle auf die öffentlichen Wege bezüglichen anderweiten Streitigkeiten dem Verwaltungsrechtswege unterliegen sollen, hätte bestimmend sein sollen. Daß dies keineswegs beabsichtigt, die Zuständigkeit der Verwaltungsgerichte vielmehr auf derartige Ersatzansprüche mit Abs. 5 ebenfalls erstreckt worden ist, kann nach den Ausführungen in dem auf die Abgrenzung der Verwaltungsgerichtsbarkeit gegenüber der Zivilgerichtsbarkeit bezüglichen Abschnitt der Begründung zu dem Entwurfe des gegenwärtigen Zuständigkeitsgesetzes füglich keinem Zweifel unterliegen. Es ist hier als Ziel des Gesetzentwurfes der Ausschluß des Rechtsweges für die der Verwaltungsgerichtsbarkeit überwiesenen Streitigkeiten nicht allein der Verbandsgenossen gegen den Verband und der

in Anspruch genommenen gegen die in Anspruch nehmende Behörde angegeben, sondern auch für solche unter den Beteiligten, obschon hierbei zumeist neben der Anwendung des öffentlichen Rechts auch über privatrechtliche Verhältnisse, als Geschäftsführung, nützliche Verwendung, notwendige Zession zu entscheiden ist. Dabei ist eine ausdrückliche Ausschließung des Rechtsweges nicht für erforderlich erachtet, vielmehr angenommen, daß auch ohne solche ausdrückliche Ausschließung der ordentliche Rechtsweg in streitigen Wegebausachen rc. in Wegfall komme und nur bezüglich der kommunalen Verbindlichkeiten die Aufnahme einer Vorschrift bevorwortet, wonach die Zuständigkeit der Verwaltungsgerichte auch insoweit begründet sein solle, als durch § 79 Tit. 14 T. II. A. L.-R. bezw. §§ 9, 10, 15 des Gesetzes über die Erweiterung des Rechtsweges vom 24. Mai 1861 oder sonstige bestehende Vorschriften der ordentliche Rechtsweg für zulässig erklärt war. Für das insoweit dem Entwurf entsprechend erlassene Gesetz ergiebt sich hiernach die ausschließliche Zuständigkeit der Verwaltungsgerichte zur Entscheidung ebenfalls von Ersatzansprüchen für Wegebesserungen, welche ohne Anordnung der Wegepolizeibehörde zur Ausführung gelangt sind, wovon der Gerichtshof seither (Bd. XVIII. S. 171 ff.), in Uebereinstimmung übrigens mit der Rechtsprechung des Reichsgerichts ausgegangen ist.

2) Der Bau und die Unterhaltung der Landwege, der Vicinalwege und der Distriktsstraßen liegt, soweit dieselbe nicht von größeren Kommunalverbänden übernommen ist, öffentlich-rechtlich den Gemeinden und Gutsbezirken (Gesetz vom 16. März 1879 G.-S. S. 225) und die Unterhaltung der vormaligen Staatschausseen insbesondere dem Provinzialverbande ob (§ 18 des Dotationsgesetzes). Die Annahme, daß als Bestandteil eines öffentlichen Weges dasjenige Stück nicht erachtet werden könnte, in Ansehung dessen ein anderer als der öffentlich-rechtlich zum Wegebau pflichtige Eigentümer des Grund und Bodens ist, auf welchem sich der öffentliche Verkehr vollzieht, ist irrtümlich. Ob ein Weg als öffentlicher zu Recht besteht, bestimmt sich allein danach, ob derselbe von allen Rechtsbeteiligten dem öffentlichen Verkehr ausdrücklich oder den Umständen nach stillschweigend rechtsgültig bestimmt ist, und solche Rechtsgültigkeit liegt auch dann vor, wenn der Eigentümer des Privatweges oder des für die Anlage eines Weges erforderlichen Grund und Bodens dessen Widmung für den öffentlichen Verkehr unter Verzicht auf die Regelung des Eigentumsüberganges auf den zur Unterhaltung des öffentlichen Weges Pflichtigen oder vorbehaltlich einer demnächst nachfolgenden Regelung bewilligt. Es kann demnach auch für die Frage, inwieweit ein Weg als ein öffentlicher besteht und von dem nach öffentlichem Recht Pflichtigen zu unterhalten ist, darauf ein entscheidender Wert nicht gelegt werden, ob der Wegekörper überall und für alle Wegeteile im Eigentum dieses Pflichtigen steht, was der Gerichtshof wiederholt in seinen Entscheidungen (siehe Bd. V. S. 236, Bd. IX. S. 251, Bd. XII. S. 271) dargelegt hat. Auf dem entgegengesetzten Standpunkte steht auch keineswegs das Dotationsgesetz; denn wenn hier bestimmt ist (§ 18), daß mit der Unterhaltung auch das Eigentum an den Staatschausseen auf die Provinzialverbände übergehen soll, so hat damit doch nur ausgesprochen werden sollen, daß das Eigentum insoweit, als es für den Staat rechtlich begründet ist, auf die Verbände überzugehen hat. Daß auch soweit, als das Eigentum des Staates — wie dies für die zum Ausbau der Staatschausseen verwendeten öffentlichen Wege, deren Wegekörper nicht im Eigentum

des Fiskus gestanden hat, wenn nicht in der Regel, so doch gewiß vielfach zutreffen wird — im einzelnen nicht erweislich ist, gleichwol die rechtlich begründete Unterhaltungspflicht des Staates auf den Verband übergegangen ist, kann nach dem Zweck und Sinn des Gesetzes und in Anbetracht dessen, daß die Rente nach den Ausgaben für die vom Staat thatsächlich unterhaltenen Chausseestrecken bemessen ist, ernstlich nicht in Frage kommen.

3) Es fehlt allerdings an einer allgemeinen gesetzlichen Vorschrift, inwiefern die den Uebergang von einer Chausseestrecke auf die andere vermittelnde Straße innerhalb der geschlossenen Ortschaften Bestandteile der Chausseen werden und als solche von dem zum Bau und zur Unterhaltung der Chaussee Pflichtigen zu unterhalten sind. Nur insoweit hat eine gesetzliche Regelung stattgefunden, als in Ausführung der Verträge, wonach die Zollvereinsstaaten sich gegenseitig zur Aufhebung der neben den Chausseegeldern zur Erhebung gelangenden Pflastergelder und zur Einreihung der Ortspflaster in die Chausseestrecke verpflichtet hatten, landesgesetzlich der Uebergang solcher Ortspflaster auf den Staat bestimmt ist (s. u. A. die Zoll- und Handelsverträge in der kurhessischen Gesetz-Sammlung 1831 S. 149, 1832 S. 9 u. s. w.; ferner die Verordnung vom 10. Dezember 1832 § 3 a. a. O., S. 246 und für die älteren Preuß. Provinzen die Verordnung vom 16. Juni 1838 §§ 5 u. 9 G.-S. S. 353). Wie in diesen Verordnungen die Unterhaltung des Ortspflasters seitens des Staates von der vorgängigen Uebertragung des Eigentums an dem Grund und Boden auf den Staat nicht abhängig gemacht ist, so kann auch im Uebrigen, wo die seitherige Unterhaltung der Ortspflaster oder Straßen in den Ortschaften seitens des zur Unterhaltung der Chaussee Verpflichteten auf jene Verordnungen nicht zurückzuführen ist, deren Zugehörigkeit zur Chaussee nur danach beantwortet werden, ob sie bei Anlage der Chaussee oder später erweislich rechtsverbindlich Bestandteil der Chaussee geworden sind. Und dies kann bezüglich derjenigen die Verbindung zwischen zwei oder mehreren Chausseestrecken vermittelnde Straßen gar keinem Bedenken unterliegen, welche bei der Erhebung des Chausseegeldes als Teile des Chausseezuges behandelt und von jeher vom Chausseebaupflichtigen unterhalten worden sind.

Nr. 190.

Endurteil des IV. Senats vom 14. Februar 1893 (Entsch. Bd. XXV. S. 269).

1) Indem das Gesetz, betreffend die Heranziehung der Fabriken mit Präcipualleistungen in Westfalen vom 14. Mai 1888 ganz allgemein von der Abnutzung öffentlicher Wege spricht, ist die Annahme ausgeschlossen, daß dasselbe nur solche Wege im Auge hatte, die bereits vor der Anlegung der Fabriken bestanden haben.

2) Gewinnt der Betrieb einer Fabrik eine solche Ausdehnung, daß durch denselben öffentliche Wege dauernd in erheblichem Umfange abgenutzt werden, so rechnet das Gesetz für die Frage nach der Vermehrung der Unterhaltungslast mit „solchen Unternehmungen“ als einem Ganzen; es unterscheidet für sie nicht grundsätzlich zwischen einem zum Teil präcipualleistungsfreien und einem zum Teil pflichtigen Betriebe, am wenigsten nach Maßgabe der Fiction einer durch Kommunalsteuerzahlungen abgegoltenen Normalnutzung. Eine solche Scheidung würde auch vielfach mit der Absicht des Gesetzgebers gar nicht vereinbar sein, so namentlich da, wo gerade große industrielle Betriebe

zu besonderen Wegebauleistungen Anlaß geben, die ohne sie überhaupt nicht erforderlich sein würden und vielleicht von Wegebaupflichtigen bestritten werden müssen, die überhaupt kein Steuer-Hebungsrecht haben, zumal nicht gegenüber den Inhabern jener Betriebe. Nur dann und nur insoweit würde eine Vermehrung der Wegeunterhaltungskosten durch den Fabrikbetrieb nicht anzunehmen sein, als der durch ihn hervorgerufene Verkehr auf dem Wege ganz oder teilweise an die Stelle von Transporten getreten wäre, die ohne den Betrieb sich notwendig in der gewöhnlichen, eine Vorausleistungspflicht nicht begründenden Weise auf demselben Wege hätten vollziehen müssen.

3) Ob die Abnutzung durch den Verkehr oder auch Naturkräfte, wie starke Regengüsse, die Reparaturbedürftigkeit eines Weges verursachen, ist für die Frage nach der Verpflichtung zu Präcipualleistungen nicht entscheidend. In allen Fällen erfolgt die Aufbesserung des Weges in Erfüllung der Wegebaupflicht zu dem Zwecke, um den Verkehr auf dem Wege zu ermöglichen. Höchstens kann es sich darum handeln, ob dann, wenn ein neu angelegter Weg, um standhaft gemacht zu werden, besondere Aufwendungen im großen Umfange erheischt, diese nicht für die Berechnung der jährlichen Präcipualleistungen auf eine Reihe von Jahren verteilt werden müssen.

Nr. 191.

Endurteil des IV. Senats vom 11. Juli 1893 (Entsch. Bd. XXV. S. 276).

1) Für die Oeffentlichkeit eines Weges ist nicht ausschlaggebend, ob der Weg ganz oder teilweise auf Privateigentum angelegt ist.

2) Das Gesetz vom 14. Mai 1888 über Präzipualleistungen der Fabriken in Westfalen bestimmt zwar im § 3, daß nur in „Ermangelung gütlicher Vereinbarung“ über die Anträge des Wegebaupflichtigen im Streitverfahren zu entscheiden ist; indes kann damit eine Klage nicht um deswillen ausgeschlossen sein, weil der Wegebaupflichtige früher vor Erlaß des Gesetzes ein Abkommen über einen Beitrag zur Unterhaltung des Weges geschlossen hat; er kann nicht an eine Vereinbarung gebunden sein, die er auf ganz anderer Grundlage, zu einer Zeit, wo ihm ein gesetzlicher Anspruch dieser Art noch garnicht zustand, getroffen hat.

Nr. 192.

Endurteil des IV. Senats vom 28. April 1894 (Entsch. Bd. XXVI. S. 200.)

1) Nach ostpreußischem Wegerecht ist bei der Beurteilung der Verpflichtung sowol der Stadtgemeinde als der Landgemeinde und Gutsbezirke zur Leistung der Hand- und Spanndienste innerhalb ihrer kommunalen Bezirke bei der Unterhaltung der Land- und Heerstraße durch den Fiskus auf die Vorschriften des Allgemeinen Landrechtes nur da zurückzugehen, wo die Unterhaltung der Landstraße durch Provinzialgesetze und Wegeordnungen nichts anderes bestimmt ist (A. L.-R. T. II. Tit. 15 § 15), und für Ostpreußen hat die Dienstpflicht eine abweichende Regelung in dem Zusatz 226 des Provinzialrechtes gefunden.

2) In Bezug auf die Wegeunterhaltungslast besteht ein Unterschied zwischen den Stadtgemeinden einerseits und den Landgemeinden und Gutsbezirken andererseits nach heutigem Rechte nicht mehr

Nr. 193.

Endurteil des IV. Senats vom 12. Dezember 1893 (Entsch. Bd. XXVI. S. 205).

1) Die Vorschriften in dem Allgemeinen Landrechte Teil II. Titel 15 finden im Geltungsbereiche des Ostpreußischen Provinzialrechts mit der Maßgabe Anwendung, daß nicht die Einwohner unmittelbar, sondern die Kommunalbezirke, d. h. die Gemeinde- und Gutsbezirke, mit der in ihnen vertretenen Hand- und Spanndienstkraft gegenüber der Wegepolizeibehörde, wie auch gegenüber dem im übrigen pflichtigen Fiskus die Träger der Hand- und Spanndienste sind, jedoch jeder Guts- und Gemeindebezirk lediglich für die in seinen Grenzen belegene Landstraßenstrecke, sofern nicht nach bisheriger Fassung und Gewohnheit die Dienste auf Dorfschaften, welche an der Straße nicht belegen sind, mitverteilt und von diesen mitaufgebracht sind.

2) Unter den „an der Straße nicht belegenen" Dorfschaften, welche, wie bisher, so auch in der Folge zur Besserung gewisser Straßen mit verpflichtet sein sollen, sind im Sinne des § 1 des Zusatzes 226 nur die Dörfer zu verstehen, welche nach früherer Verfassung dem betreffenden Amte oder Gute nicht angehört und demnach an der Straßenbesserung innerhalb des anderen Amtes oder Gutes teilgenommen haben.

3) Hinsichtlich bestehender Observanzen verbleibt es bei dem allgemeinen Grundsatz, wonach der Richter im Streitfalle nach Maßgabe der zu der betreffenden Zeit erkennbaren Rechtsüberzeugung der Beteiligten festzustellen hat, ob und welcher Rechtssatz observanzmäßig besteht.

4) Wird die Grenze zwischen zwei Provinzen durch einen öffentlichen oder Privatfluß gebildet, so gilt die Mitte des Flusses als Grenzlinie.

Nr. 194.

Endurteil des IV. Senats vom 27. Februar 1894 (Entsch. Bd. XXVI. S. 214).

1) Die in Gemäßheit des § 12 des Gesetzes, betreffend den Verkehr auf den Kunststraßen vom 20. Juni 1887 (G.-S. S. 301), veröffentlichten Verzeichnisse der Chausseen haben nicht die Bedeutung, daß die Aufnahme in ein solches Verzeichnis allein, wofern sie der gehörigen Grundlage entbehrt, einen Wegeteil, der rechtlich zur Chaussee nicht gehört, zu einem Teil derselben haben machen können. Von Erheblichkeit könnte in dieser Beziehung nur sein, wenn ersichtlich gemacht würde, daß der betreffende Oberpräsident den fraglichen Chausseeteil (in diesem Falle eine Brücke über einen Fluß an der schlesisch-russischen Grenze) als einen solchen habe betrachten wollen und auf Grund welcher Vorgänge er hierzu berechtigt gewesen sei.

2) Die Behauptung, daß die Chaussee als einheitliches Kommunikationsmittel die Brücke notwendigerweise mit umfassen müsse, ist nicht zutreffend.

3) Die Zuständigkeit des preußischen Amtsvorstehers, die Brücke herzustellen, ist nicht zu bezweifeln, auch wenn er sich dieserhalb mit der zuständigen russischen Behörde nicht in Einvernehmen gesetzt hat.

4) Grenzflüsse zwischen benachbarten Staaten können als solche nicht zu den öffentlichen Flüssen im Sinne der Unterhaltungslast gerechnet werden.

5) Aus dem § 7 des Landstraßen- und Wegereglements für das Herzogtum Schlesien und die Grafschaft Glatz vom 11. Januar 1767 ist nicht zu entnehmen, daß Fiskus öffentlich rechtlich verpflichtet sei, eine über sechs Ellen

weite Brücke zu unterhalten, die über einen nicht schiffbaren, die Grenze zwischen Preußen und Rußland bildenden Fluß führt und zwei Chausseezüge mit einander verbindet, ohne rechtlich Teil einer Chaussee zu sein, vielmehr sind hierzu die angrenzenden Domainen und Gemeinden verpflichtet.

Nr. 195.

Endurteil des IV. Senats vom 11. April 1894 (Entsch. Bd. XXVI. S. 227).

1) Nach Sächsischem Wegerechte (Wegeordnung für die Provinz Sachsen vom 11. Juli 1891, § 27 (G.-S. S. 316) ist eine zusammen mit einem Rittergute „mit aller Freiheit und Herrlichkeit" zu Lehn gegebene Berechtigung zur Erhebung eines Wegegeldes als eine Pertinenz des Gutes anzusehen. Mit dem Gute geht auch nach Aufhebung des Lehnsverhältnisses das Hebungsrecht auf den jedesmaligen Eigentümer des Gutes über, ebenso wie die entsprechende Wege-Unterhaltungspflicht.

2) Die Verpflichtung des Privatinhabers einer Wegegerechtigkeit zur Wegeunterhaltung erlischt auch dann nicht, wenn er von seiner Berechtigung zur Wegegelderhebung thatsächlich keinen Gebrauch macht, oder auch einseitig auf dieselbe verzichtet.

Nr. 196.

Endurteil des IV. Senats vom 21. April 1894 (Entsch. Bd. XXVI. S. 231).

1) Nach Hannoverschem Wegerechte (Hannoversches Gesetz über Gemeindewege und Landstraßen vom 28. Juli 1851 G.-S. S. 141) sind die Wegepolizeibehörden als solche nicht zuständig zum Schutze der Leinpfade.

2) Leinpfade sind begrifflich Schifffahrtsanlagen für Zwecke der Schifffahrt und nicht schon um dieser ihrer Bestimmung wegen dem öffentlichen Fuß-, Karren-, Reit- und Fahrverkehr oder auch nur einer dieser Verkehrsarten dienstbar. Letzteres ist nur angänglich, wenn sie zugleich und daneben auch diesem öffentlichen Verkehr gewidmet und damit öffentliche Wege im Sinne des Wegerechts geworden sind.

Nr. 197.

Endurteil des IV. Senats vom 19. Dezember 1893 (Entsch. Bd. XXVI. S. 236).

1) Ob eine Mahlmühle auf dem Lande im Sinne des Gesetzes, betreffend die Heranziehung der Fabriken u. s. w. mit Präzipualleistungen für den Wegebau in der Provinz Schlesien vom 16. April 1889 (G.-S. S. 100), als eine „Fabrik" anzusehen sei, ist in diesem Erkenntnisse unentschieden gelassen worden; jedenfalls handelte es sich um ein größeres gewerbliches Unternehmen, das als solches, wenn nicht zu den Fabriken, so doch zu den „ähnlichen Unternehmungen" im Sinne des angeführten Gesetzes zählte.

2) Der Begriff der „erheblichen Abnutzung" eines Weges durch einen Gewerbebetrieb ist ebenfalls nicht festgestellt; Kriterien in dieser Beziehung sind: Umfang des Betriebes, Intensivität der Abnutzung, Bedeutung des Weges für den einzelnen Gewerbebetrieb u. s. w. Hauptkennzeichen sind die Massen der Güter, welche in Folge des Betriebes auf dem betreffenden Wege bewegt werden.

3) Die dem Gutsherrn obliegende Wegebaulast gehört nicht zu den öffentlichen Lasten und Abgaben, die Verbindlichkeit zur Entrichtung der Präzipualleistungen ruht auf einer solchen Mühle auch nicht als eine dingliche Last; sie ist eine persönliche Verpflichtung des Gewerbtreibenden.

4) Der Anspruch auf Präzipualleistungen aus dem Gesetze vom 16. April 1889 ist gänzlich unabhängig von der kommunalen Stellung und Zugehörigkeit des gewerblichen Etablissements. Die Gewerbtreibenden sind beitragspflichtig, falls sie nicht nach dem Gesetze ohnehin wegebaupflichtig sind, also Recht und Pflicht in eine Person zusammenfallen.

5) Die durch den Mühlenbetrieb auf den Weg geleitete Vekturanz ist maßgebend für die Feststellung des Beitrags zu den Unterhaltungskosten.

6) Die Kosten größerer Reparaturbauten an Wegen sind auf die Jahre zu verteilen, für welche sie verwandt sind.

Nr. 198.

Endurteil des IV. Senats vom 13. Juni 1894 (Entsch. Bd. XXVI. S. 244).

1) Ob durch den Betrieb einer Unternehmung ein Weg in erheblicher Weise abgenutzt werde, ist regelmäßig dadurch festzustellen, daß der Fuhr- und Frachtverkehr, welcher sich in Folge des Betriebes einer Unternehmung auf einer bestimmten Wegestrecke entwickelt, in einen Vergleich und in ein Verhältnis zu dem übrigen Fracht- und Fuhrverkehr gestellt wird, welcher auf derselben Strecke stattfindet.

2) Für die vermehrte Unterhaltungslast des Wegebaupflichtigen ist eine Gegenüberstellung des ganzen Verkehrs, welcher sich in Folge eines gewerblichen Betriebes auf der fraglichen Wegestrecke entwickelt hat, zu ermitteln, wie sich der Verkehr bezüglich der betreffenden Fuhren ohne den Betrieb des gewerblichen Unternehmens auf den bezüglichen Straßen entwickelt haben würde, um festzustellen, ob und in welchem Umfange eine Vermehrung der Unterhaltungslast herbeigeführt worden ist.

XX.

Die Gewerbe.

H. Wandergewerbeschein.

(Einzuschalten auf S. 67 des Ergänzungsbandes 1892.)

Nr. 10.

Endurteil des III. Senats vom 21. Mai 1894 (Entsch. Bd. XXVI. S. 288).

Die Vorschrift in § 44a Abs. 4 der Reichsgewerbeordnung darf nicht dahin gedeutet werden, der mit Legitimationskarte versehene Reisende dürfe sich nur mit Aufsuchen von Warenbestellungen beschäftigen, auch die bestellten Waren nicht selbst überbringen. Darin liegt kein „Mitführen" von Waren.

J. Gewerbepolizei.

(Einzuschalten auf S. 58 des Ergänzungsbandes 1893.)

Nr. 18.

Endurteil des III. Senats vom 19. Februar 1894 (Entsch. Bd. XXVI. S. 277).

Das Hufbeschlaggewerbe kann auch durch befugte bezw. geprüfte Stellvertreter nicht betrieben werden, wenn der Auftraggeber selbst das Prüfungszeugnis nicht besitzt.

Nr. 19.

Endurteil des III. Senats vom 7. Juni 1894 (Entsch. Bd. XXVI. S. 280).

1) Die Ortspolizeibehörde ist berechtigt, die Herstellung oder Wiederherstellung eines Merkpfahles zu fordern, wenn dies zur Erfüllung einer Konzessionsbedingung gehört. Die §§ 235 ff. Tit. 15 Teil II. A. L.-R.'s sind beseitigt durch die entsprechenden Vorschriften der Reichs-Gewerbe-Ordnung vom 21. Juni 1869.

2) Eine Konzessionsbedingung, zufolge deren ein Mühlenbesitzer die Setzung eines Merkpfahles nach den Bestimmungen der §§ 1 ff. des Vorflutsgesetzes vom 15. November 1811 (G.-S. S. 352) beantragen soll, ist unzulässig.

3) Das Stauen über den zur Erfüllung einer Konzessionsbedingung gesetzten Merkpfahl ist strafbar nach § 147 Abs. 1 Nr. 2 der Reichs-Gewerbe-Ordnung, wenn auch die Thatbestandsmerkmale der §§ 8 und 9 des Vorflutsgesetzes fehlen.

Nr. 20.

Endurteil des III. Senats vom 15. Februar 1894 (Entsch. Bd. XXVI. S. 286).

Durch verwaltungsgerichtliche Entscheidung kann die Untersagung der Erteilung von Tanzunterricht als Gewerbe nicht für einen einzelnen Ort oder einen einzelnen Fall erfolgen. Dagegen ist ein polizeiliches Einschreiten blos zur Verhinderung von Polizeiwidrigkeiten bei der Ausübung des Gewerbes zulässig.

L. Innungen.

(Einzuschalten auf S. 69 des Ergänzungsbandes 1893.)

Nr. 11.

Endurteil des III. Senats vom 30. Novemb. 1893 (Entsch. Bd. XXV. S. 306).

Die Annahme, wonach zwei Innungen sich nicht sollten vereinigen können, ohne sich vorher aufzulösen, ist irrig. Die Vereinigung von Innungen ist der Gesetzgebung durchaus nicht fremd, der § 95 der preußischen allgemeinen Gewerbeordnung vom 17. Januar 1845 gestattete, daß bei Gelegenheit der Revision und Abänderung der Statuten der älteren Innungen mehrere getrennte Innungen zu einer gemeinsamen vereinigt würden, und nach § 100 a. a. O. dürfte, wenn eine solche Vereinigung bewirkt würde, das Vermögen der Innungen mit ihrer Einwilligung der neuen Innung überwiesen werden.

Daraus, daß sich in der nunmehr geltenden Reichs-Gewerbeordnung eine Bestimmung über die Vereinigung von Innungen nicht vorfindet, läßt sich nicht folgern, daß gegenwärtig es zum Anschluß zweier Innungen an einander der Auflösung beider oder einer von ihnen bedürfe, und daß hinsichtlich des Vermögens der zusammentretenden Innungen nach den im § 94 der Reichs-Gewerbeordnung für den Fall der Auflösung von Innungen gegebenen Vorschriften zu verfahren sei.

Nr. 12.

Endurteil des III. Senats vom 1. Juni 1893 (Entsch. Bd. XXV. S. 310).

Nach § 98b R.-G.-O. und § 124 Zust.-Ges. hat der Bezirksausschuß über die Genehmigung der Innungsstatuten zu beschließen. Wenn der Abs. 2 des § 124 Zust.-Ges. gegenüber dem die Genehmigung versagenden Beschlusse den Antrag auf mündliche Verhandlung im Verwaltungsstreitverfahren zuläßt, so ist damit zum Gegenstande der Entscheidung im Verwaltungsstreitverfahren ebenfalls die Erteilung oder Versagung der Genehmigung gemacht. Hieraus folgt, daß der Bezirksausschuß nicht über das Vorhandensein eines einzelnen Versagungsgrundes allein erkennen darf, sondern sogleich das neue Statut vollständig und vom Standpunkt der sämtlichen gesetzlich zulässigen Versagungsgründe aus zu prüfen und in einer und derselben Entscheidung über sie zu befinden und demgemäß entweder die Genehmigung oder die Versagung des neuen Statuts auszusprechen hat.

Für den Abs. 3 des § 98b R.-G.-O. dient zur Grundlage, daß es in das pflichtmäßige Ermessen des Bezirksausschusses gestellt ist, ob von dem darin bezeichneten Grunde für die Versagung der Genehmigung Gebrauch zu machen ist oder nicht und daß die Richtigkeit der Uebung dieses Ermessens der Nachprüfung des Revisionsrichters entzogen ist und daß die Revision nur dann Erfolg haben kann, wenn die Voraussetzungen des Abs. 3 fehlen.

O. Gewerbegericht.

Nr. 1.

Endurteil des III. Senats vom 30. November 1893 (Entsch. Bd. XXV. S. 314).

1) Der § 126 des L. V.-G. vom 30. Juli 1883 (G.-S. S. 195 bezüglich Anfechtung endgültiger Beschlüsse gilt auch für reichsgesetzlich geregelte Angelegenheiten und zwar auch dann, wenn sie nach dem Erlasse des L. V.-G. den Landesbehörden zur Beschlußfassung zugewiesen sind. Eine Beschränkung hierin tritt nur nach dem Grundsatz, daß das Reichsrecht dem Landesrecht vorgeht, insoweit ein, als für eine einzelne reichsrechtliche Materie durch die für diese getroffenen reichsrechtlichen Bestimmungen die Klage aus § 126 ausgeschlossen wird.

Der § 83 des Reichsgesetzes vom 29. Juli 1890 (R.-G.-Bl. S. 141) über Errichtung der Gewerbegerichte läßt Raum für das durch den § 126 im allgemeinen Interesse vorgesehene Correctiv der Beschlüsse der landesrechtlich bestimmten Landesbehörde. Eine Verschiedenheit von demjenigen, was bei den nach der R.-G.-Ord. und nach dem K.-V.-G. zu beurteilenden Angelegenheiten Rechtens ist, kann umsoweniger bestehen, als der § 83 dem § 155

R.=G.=Ord., dem § 33 Abs. 1 des Hilfskassengesetzes und dem § 84 Abs. 1 K.=V.=G. nachgebildet ist. (cfr. Entsch. Bd. III. S. 239, Bd. XIX. S. 323 und Bd. XXV. S. 374.)

2) Die Mitwirkung eines gesetzlich unfähigen Vorsitzenden im Gewerbegerichte hat die Anfechtbarkeit der ergangenen Urteile mittelst der Berufung und Richtigkeitsklage zur Folge.

3) Da es an einer Bestimmung fehlt, welche die Anfechtungsklage nach § 126 L.=V.=G. an eine Frist bindet, so ist dieselbe nicht befristet (cfr. Entsch. Bd. IX. S. 327, Bd. XXII. S. 87). Voraussetzung für die Klage ist nur die Endgültigkeit des angefochtenen Beschlusses. Handelt es sich um einen in der Beschwerdeinstanz gefaßten Beschluß des Provinzialrats, gegen welchen es keine weitere Beschwerde oder sonstigen Rechtsbehelf giebt (§ 121 Abs. 2 L.=V.=G.; Erlaß der Minister für Handel und Gewerbe und des Innern vom 23. September 1890 — M.=Bl. S. 206 Nr. IIIa, b —), so ist ein solcher Beschluß ein endgültiger, da das Wort „endgültig" im § 126 keine andere Bedeutung haben kann als im § 121 Abs. 2 L.=V.=G. (cfr. Entsch. Bd. XVI. S. 49).

4) Der § 15 des R.=G. vom 29. Juli 1890 betrifft nur die formelle Rechtsgültigkeit der Wahlen zum Gewerbegericht, wogegen der § 19 sich auf die Umstände, welche die Wählbarkeit ausschließen, auch dann mitbezieht, wenn sie zur Zeit der Wahl schon bestanden haben und hätten bekannt sein sollen. — § 19 Abs. 1 findet auch auf den Vorsitzenden und dessen Stellvertreter Anwendung.

5) Der § 11 Abs. 1 des Gesetzes vom 29. Juli 1890 bestimmt:

> Der Vorsitzende (des Gewerbegerichts) sowie dessen Stellvertreter dürfen weder Arbeitgeber noch Arbeiter sein.

Unter Arbeitgebern im Sinne des Gewerbegerichtsgesetzes sind nicht blos diejenigen zu verstehen, welche Arbeiter der im § 2 des Gesetzes bezeichneten Art als selbständige Gewerbetreibende beschäftigen.

Eine Gemeinde ist im Sinne dieses Gesetzes Arbeitgeberin selbst dann, wenn sie Arbeiter (d. h. Gesellen, Gehilfen, Fabrikarbeiter und Lehrlinge, auf welche der 7. Titel der Gewerbeordnung Anwendung findet), ohne selbst Gewerbetreibende im Sinne der Reichsgewerbeordnung zu sein, also in kommunalen Betrieben, die nicht den Charakter gewerblicher Betriebe haben, beschäftigt. Dies ergiebt sich aus § 76 l. c., wonach die Bestimmungen des Gesetzes keine Anwendung finden auf Arbeiter, welche in den unter der Militair= oder Marineverwaltung stehenden Betriebsanlagen beschäftigt sind, denn diese Ausnahme brauchte nicht und konnte nicht in solcher Weise ausgesprochen werden, wenn nicht der gemeinnützige Betrieb des Reichs= und der Bundesstaaten, und in Consequenz hieran auch der Gemeinden von dem Gesetz mitgetroffen werden sollte. Dies wird auch durch die Gesetzesmaterialien bestätigt.

6) Wenn aber auch eine Gemeinde Arbeitgeberin ist, so ist deshalb noch nicht ihr Oberbürgermeister und ihr Bürgermeister ebenfalls Arbeitgeber. Wenn dieselben auch die Stadtgemeinde vertreten, so bleibt Arbeitgeberin für die städtischen Arbeiten doch allein die Stadtgemeinde als juristische Person. Die Bürgermeister sind nur die gesetzlichen Vertreter. Aus dem § 11 Abs. 1 des Gesetzes, betreffend die Gewerbegerichte, läßt sich somit die passive Wahl=

unfähigkeit des Oberbürgermeisters und des zweiten Bürgermeisters nicht herleiten. Dagegen ist diese aus dem § 14 Abs. 1 des Gesetzes:

> Den Arbeitgebern stehen im Sinne der §§ 11—13 die mit der Leitung eines Gewerbebetriebs oder eines bestimmten Zweiges desselben betrauten Stellvertreter der selbständigen Gewerbetreibenden gleich, sofern sie nicht nach § 2 Abs. 2 als Arbeiter gelten.

zu entnehmen.... Der § 14 Abs. 1 kann zwar noch nicht auf jedes einzelne Mitglied eines vertretenden Organs, z. B. eines Magistrats, eines Kreisausschusses, angewendet werden. Vertreter ist hier nur der Magistrat, der Kreisausschuß in seiner Gesamtheit; das einzelne Mitglied nimmt nur an der Vertretung teil, ist nicht selbst und schon für sich allein der Vertreter. Daß § 14 Abs. 1 auch auf die Vorstands*mitglieder* der Aktiengesellschaften, Genossenschaften u. s. w. Anwendung findet, steht dieser Auslegung nicht entgegen; denn die rechtliche und thatsächliche Stellung der Vorstandsmitglieder zu der Aktiengesellschaft, Genossenschaft u. s. w., ist von derjenigen der Magistrats- oder Kreisausschußmitglieder zu der Gemeinde, dem Kreisverbande, zu verschieden, als daß von jenen ein Schluß auf diese gezogen werden dürfte. Dagegen werden ein Oberbürgermeister und ein Bürgermeister, die bei dem Mangel eines kollegialischen Gemeindevorstandes allein in ihrer Person die Stadtgemeinde, die Arbeitgeberin, vertreten, von dem § 14 Abs. 1 mitgetroffen. Dies selbst dann, wenn sie mit der technischen Leitung der in Betracht kommenden kommunalen Unternehmungen nicht unmittelbar befaßt, sondern hierfür besondere Betriebsbeamte angestellt sind, und ferner, wenn die besonderen Betriebsbeamten ebenfalls unter den § 14 Abs. 1 fallen sollten. Denn eine Vertretung in der technischen Leitung ist für den § 14 Abs. 1 nicht erforderlich; derselbe gewährt mehreren Stellvertretern sowol neben dem Arbeitgeber als neben einander die gleiche Stellung wie dem Arbeitgeber selbst.

XXI.

Krankenversicherung der Arbeiter u. s. w.

(Einzuschalten auf S. 60 des Ergänzungsbandes 1893.)

Nr. 56.

Endurteil des III. Senats vom 4. Mai 1893 (Entsch. Bd. XXV. S. 326).

1) Auch einer schon vor dem am 1. Oktober 1889 in Kraft getretenen Reichsgesetze, betreffend die Erwerbs- und Wirtschafts-Genossenschaften, vom 1. Mai 1889 (R.-G.-Bl. S. 55) bestandenen Genossenschaft gegenüber gilt der § 79 Abs. 1 a. a. O., welcher lautet:

„Wenn eine Genossenschaft sich gesetzwidriger Handlungen oder Unterlassungen schuldig macht, durch welche das Gemeinwohl gefährdet wird, oder wenn sie andere als die in diesem Gesetze (§ 1) bezeichneten geschäftlichen Zwecke verfolgt, so kann sie aufgelöst werden, ohne daß deshalb ein Anspruch auf Entschädigung stattfindet."

Die hier gemachte Voraussetzung für die Auflösung: „Verfolgung anderer als der im § 1 des Gesetzes bezeichneten Zwecke" ist unzweifelhaft nicht schon dann erfüllt, wenn eine Genossenschaft nach dem Gegenstand ihres Unternehmens zu keiner der im § 1 Nr. 1—7 dieses Gesetzes aufgeführten Gattungen von Genossenschaften gehört. Denn wie im § 1 des Bundes-Genossenschaftsgesetzes vom 4. Juli 1868, so hat auch im § 1 des Gesetzes vom 1. Mai 1889 durch das Wort „namentlich" ausgedrückt werden sollen, daß die unter den Nummern 1—7 des § 1 aufgeführten Gattungen von Genossenschaften nur die häufigsten und wichtigsten seien. Dies wird durch die Gesetzesmaterialien bestätigt, ist auch allgemein anerkannt. Eine Klage auf Auflösung einer Genossenschaft ist daher nicht schon dann begründet, wenn sie nicht eine der in den Nummern 1—7 genannten Genossenschaften ist.

2) Bei einer eingetragenen Genossenschaft, welche bezweckt, den Vereinsmitgliedern bei Krankheitsfällen von Familienmitgliedern ärztliche Hilfe und Medikamente auf genossenschaftlichem Wege zu beschaffen, sind die nach § 1 des Gesetzes vom 1. Mai 1889 in Betracht kommenden Erfordernisse einer Gesellschaft von nicht geschlossener Mitgliederzahl — eines gemeinschaftlichen Geschäftsbetriebes und einer Förderung zum Besten der eigenen Mitglieder — unzweifelhaft vorhanden. Aerztliche Hilfe und Medikamente, welche den Vereinsmitgliedern verschafft werden sollen, sind nicht ideale Güter, die durch Errichtung einer Wirtschaftsgenossenschaft nicht erlangt werden können, sondern einen Gegenstand des genossenschaftlichen Geschäftsbetriebes bildende materielle Güter, wie ja anerkannter Weise Konsumvereine errichtet werden dürfen, um ihren Mitgliedern Arzneimittel zu verschaffen, sogen. homöopathische Vereine u. s. w. Die ärztliche Hilfe und die Medikamente sollen und werden den Mitgliedern auf dem genossenschaftlichen Wege billiger, als sonst, beschafft werden. Die wirtschaftliche Lage der Mitglieder wird also verbessert durch Verminderung ihrer Ausgaben. Die Ersparung von Ausgaben ist aber eine Förderung der Wirtschaft, sowol an sich als auch insbesondere im Sinne des § 1 des Gesetzes vom 1. Mai 1889, wo unter der Förderung der Wirtschaft gerade die Verminderung der Ausgaben zu verstehen ist. Daß für die Mitglieder der hier in Rede stehenden Genossenschaft die Verminderung von Ausgaben nur eintritt bei einem zufälligen Ereignis, nämlich einer Krankheit, und nur den hierdurch herbeigeführten Vermögensschaden verringert, ist unerheblich, mag auch deshalb die Genossenschaft den rechtlichen Charakter einer Versicherungsgesellschaft auf Gegenseitigkeit haben. Denn wie namentlich die allgemeine Begründung des Gesetzes ergiebt und gleichfalls durchweg angenommen wird, können sich auch Versicherungsgesellschaften auf Gegenseitigkeit als eingetragene Genossenschaften konstituieren, unbeschadet der Notwendigkeit, die für Versicherungsgesellschaften landesgesetzlich erforderliche staatliche Genehmigung einzuholen. Der Mangel einer solchen Genehmigung aber ist nicht mit der Klage aus § 79 des Gesetzes vom 1. Mai 1889 geltend zu machen. Daß nicht als Genossenschaften errichtet werden könnten bezw. der Auflösung unterlägen: Kranken-, Witwen-, Sterbekassen u. s. w., da sie nicht bezweckten, den Erwerb und die Wirtschaft ihrer Mitglieder zu fördern, sondern die Mitglieder gegen Unglücksfälle sicher zu stellen, ist hiernach nicht richtig. Für diese Kassen ist die Form der Genossenschaft nur unzulässig, weil, und damit auch blos, wenn und soweit nicht die wirtschaftliche Lage der Mitglieder selbst, sondern diejenige ihrer Hinterbliebenen oder sonstiger dritter Personen verbessert wird. Haben aber die Mitglieder selbst den Vorteil, weil nur bei Krankheitsfällen von Familienmitgliedern, in denen also die Genossenschaftsmitglieder

die Kosten der Krankheit tragen müssen, die Leistungen der Genossenschaft eintreten, so lassen sich jene Kassen, namentlich die Krankenkassen, als Genossenschaften errichten.

3) Daraus, daß die Mitglieder der in Rede stehenden Genossenschaft Sicherung vor Schaden zu erreichen suchen, folgt ohne weiteres, daß sie zugleich die Förderung ihrer Wirtschaft durch Verringerung ihres Schadens bezwecken. Sie treten eben der Genossenschaft bei in der Absicht und zu dem Zwecke, um in Krankheitsfällen ihrer Familienmitglieder billigere ärztliche Hilfe und Arzneimittel zu erhalten und dadurch einen wirtschaftlichen Vorteil zu erlangen, und die Genossenschaft als solche hat dann ihrerseits den Zweck, ihren Mitgliedern den erstrebten wirtschaftlichen Vorteil zu verschaffen.

No. 57.

Endurteil des III. Senats vom 12. Juni 1893 (Entsch. Bd. XXV. S. 345).

Das Unterscheidungsmerkmal bei den Hausgewerbetreibenden von den Heimarbeitern besteht zunächst in der Beschäftigung mit der Herstellung oder Bearbeitung gewerblicher Erzeugnisse nicht für eigene Rechnung, sondern im Auftrage und für Rechnung eines anderen Gewerbetreibenden außerhalb der Betriebsstätte, ferner in der bei den Hausgewerbetreibenden bestehenden persönlichen Unabhängigkeit vom Arbeitgeber, in seiner größeren Freiheit in der Gestaltung des Arbeitsverhältnisses. Er ist in der eigenen Werkstätte alleiniger Herr, bestimmt Anfang, Ende, Umfang und Reihenfolge und ist endlich weder der Disciplin noch der Fürsorge des Arbeitgebers unterworfen.

Nr. 58.

Endurteil des III. Senats vom 19. Oktober 1893 (Entsch. Bd. XXV. S. 354).

1) Nach § 26a Nr. 6 K.=V.=G. gilt sowol für die Ortskrankenkasse als auch für die Bau= und Innungskassen (§§ 72, 73) und Betriebs= (Fabrik)=Krankenkassen (§ 64) die Bestimmung, daß der Maßstab, nach welchem die Beiträge und die Unterstützungen an die Mitglieder zu regeln, entweder der durchschnittliche Tagelohn derjenigen Klassen der Versicherten, für welche die Kasse errichtet ist, oder der wirkliche Arbeitsverdienst der einzelnen Versicherten zu wählen ist; ein dritter Maßstab ist nicht zugelassen und damit ausgeschlossen.

2) Für die Festsetzung der Unterstützungen und derjenigen der Beiträge darf ebenfalls der Maßstab kein verschiedener sein, also nicht für jene etwa der durchschnittliche Tagelohn und für diese der wirkliche Arbeitsverdienst oder umgekehrt. Auch ein Unterschied zwischen den einzelnen Arten der Unterstützung ist unzulässig. Deshalb darf der Maßstab kein anderer sein für das Krankengeld und ein anderer für die Wöchnerinnenunterstützung. Dasselbe gilt auch für das Sterbegeld. Der § 26a Abs. 2 Nr. 6 spricht nicht von Krankenunterstützungen, sondern allgemein von Unterstützungen, und das Gesetz wendet die Kollectivbezeichnung „Unterstützungen" grundsätzlich für sämtliche Arten von Kassenleistungen einschließlich des Sterbegelds an. Demgegenüber geben die für das Sterbegeld bestehenden Besonderheiten keinen ausreichenden Anlaß, es unter den Unterstützungen im § 26a Abs. 2 Nr. 6 nicht mitzuverstehen.

Nr. 59.

Endurteil des III. Senats vom 13. November 1893 (Entsch. Bd. XXV. S. 361).

Während bei der Gemeindekrankenversicherung für die Unterstützungen und Beiträge der Betrag des ortsüblichen Tagelohns gewöhnlicher Tagearbeiter in Abstufungen, die vom Gesetz selbst normiert sind, maßgebend ist (§ 8 K.-V.-G.), stellt das Gesetz bei den organisierten Kassen diesen zwei Maßstäbe zur Auswahl: Den wirklichen Arbeitsverdienst der einzelnen Versicherten (§ 26 a Abs. 2 Nr. 6) und den durchschnittlichen Tagelohn derjenigen Klassen der Versicherten, für welche die Kasse errichtet ist (§ 20 Abs. Nr. 1). Bei dem wirklichen Arbeitsverdienst der einzelnen Versicherten als Maßstab ist eine Einteilung der Kassenmitglieder in Klassen von selbst ausgeschlossen. Bei der Bemessung der Unterstützungen und Beiträge nach dem durchschnittlichen Tagelohne hat die Bildung von Mitgliederklassen die Wirkung, daß sich dieser Maßstab den des wirklichen Arbeitsverdienstes, je nach Zahl und Art der Klassen mehr oder weniger, nähert. Es liegt daher in der Konsequenz des freien Wahlrechts zwischen dem durchschnittlichen Tagelohn und dem wirklichen Arbeitsverdienste, daß es den organisierten Kassen auch zusteht, den durch Klasseneinteilung modifizierten und dem andern, ihrer Wahl überlassenen Maßstabe sich nähernden, durchschnittlichen Tagelohn als Maßstab zu wählen, d. h. im Statut zu bestimmen, welche Klassen der Mitglieder bei dem für maßgebend erklärten durchschnittlichen Tagelohn gebildet werden sollen. Das Gleiche folgt auch noch daraus, daß die Entscheidung darüber, *ob* die Kassenmitglieder in Klassen zu teilen sind, nur den Kassen selbst zustehen kann, nicht der höheren Verwaltungsbehörde, mit deren Funktion, der Feststellung des durchschnittlichen Tagelohns, diese Frage nichts zu thun hat. Haben aber die Kassen allein zu bestimmen, *ob* eine Klassenbildung stattfinden soll, so müssen sie auch allein bestimmen können, *wie* die Klassenbildung, für die sie sich entschlossen haben, stattfinden soll.

Nr. 60.

Endurteil des III. Senats vom 16. November 1893 (Entsch. Bd. XXV. S. 368).

Nach § 20 und 21 des K.-V.-G. sind die Beiträge und die Unterstützungen, insbesondere auch das Sterbegeld, für alle versicherungspflichtigen Mitglieder einer Krankenkasse nach gleichen Grundsätzen zu bemessen, wenn auch solches, nicht wie im § 8 Abs. 4 des Hilfskassengesetzes vom 1. Juni 1884, ausdrücklich ausgesprochen ist. Diese Regel erleidet nur insoweit Ausnahmen, als sie vom Gesetz entweder selbst gemacht oder zugelassen sind . . . Von der Regel der Gleichheit ist keine Ausnahme dahin getroffen oder gestattet, daß bei klassenweiser Feststellung des durchschnittlichen Tagelohns unter Berücksichtigung der zwischen den Mitgliedern hinsichtlich der Lohnhöhe bestehenden Verschiedenheiten (§ 20 Abs. 2 des Krankenversicherungsgesetzes) das Sterbegeld für die einzelnen Klassen in verschiedenen Verhältnissen innerhalb der Minimal- und Maximalgrenze — des Zwanzig- und des Vierzigfachen — bestimmt werden dürfte. Insbesondere enthalten weder der § 21 Abs. 1 Ziffer 6 noch der § 26a Abs. 2 Ziff. 6 des Krankenversicherungsgesetzes eine solche Ermächtigung.

Nr. 61.

Endurteil des III. Senats vom 30. November 1893 (Entsch. Bd. XXV. S. 373).

Die Genehmigung des Statuts einer preußischen Ortskrankenkasse durch den Bezirksausschuß kann von dem Regierungspräsidenten mittels Klage beim Ober-Verwaltungsgericht gemäß § 126 des Landes-Verwaltungsgesetzes vom 30. Juli 1883 angefochten werden; auch ist diese Klage an keine Frist gebunden. Daß der § 126 des Landes-Verwaltungsgesetzes nicht blos bei Beschlüssen in landesgesetzlich geordneten, sondern auch bei Beschlüssen in reichsrechtlich geregelten Angelegenheiten Platz greift, unterliegt keinem Zweifel. Es können nicht einmal diejenigen reichsgesetzlich geordneten Angelegenheiten als nicht dem § 126 unterliegend angesehen werden, welche erst nach dem Landes-Verwaltungsgesetz und durch Spezialbestimmung den Beschlußbehörden übertragen worden sind. — Im § 126 ist keine Frist für die Klage gesetzt. Eine Klagefrist könnte daher nur insoweit angenommen werden, als sie anderweit vorgeschrieben ist. Letzteres ist für die Klage auf dem vorliegenden Gebiet nicht geschehen. — Die Voraussetzung für die Klage aus § 126, die Endgültigkeit des angefochtenen Beschlusses, ist hier vorhanden.

Nr. 62.

Endurteil des III. Senats vom 8. März 1894 (Entsch. Bd. XXVI. S. 312).

1) Werden Krankenkassenstatuten verändert, nachdem das Statut genehmigt ist, so hat der Bezirksausschuß neu zu prüfen und zu beschließen, hinsichtlich der Aenderungen, nicht auch über die schon früher genehmigten Bestimmungen.

2) Eine Beschlußfassung der Kassenorgane über Statutenänderungen kann der Bezirksausschuß nicht anordnen.

3) Die Vorschrift in dem ursprünglichen Kassen-Versicherungsgesetze, daß die Bestimmung eines Statuts über die Klassen von Personen, welche der Kasse angehören sollen, mit den Bestimmungen des Statuts einer anderen Kasse nicht in Widerspruch stehen dürfen, ist auch jetzt noch gesetzliche Vorschrift. Kommen gleichwol solche Widersprüche vor, so ist das Statut der jungen Kasse das gesetzwidrige.

Nr. 63.

Endurteil des III. Senats vom 7. Mai 1894 (Entsch. Bd. XXVI. S. 319).

Wenn durch die Uebernahme der Krankenfürsorge auf Erfordern einer Gemeinde-Krankenversicherung der einer Ortskrankenkasse Kosten erwachsen und zu erstatten sind, so sind darunter lediglich solche Kosten zu verstehen, welche der ersuchten Kasse durch die Leistungen an das ihr verwiesene Mitglied der ersuchenden Kasse im einzelnen Falle erwachsen, nicht aber auch solche Kosten, welche als allgemeine Verwaltungskosten zu bezeichnen und nur durch die Ausführung des Ersuchers entstanden sind

XXII.

Das Bauwesen.

(Einzuschalten auf S. 67 des Ergänzungsbandes 1893.)

No. 83.

Endurteil des IV. Senats vom 22. September 1893 (Entsch. Bd. XXV. S. 379).

Die bisherige Auslegung des Oberverwaltungsgerichts, daß das Fluchtliniengesetz vom 2. Juli 1875 alles Bauen über die Baufluchtlinie hinaus, sobald es nur als Neu-, Um- oder Ausbau charakterisiert werden könne, als unzulässig und somit die Polizeibehörde als verpflichtet habe bezeichnen wollen, jeden solchen Bau zu verhindern, kann mit dem Wortlaut des § 11 a. a. O. nicht weiter aufrecht erhalten werden. Ebenso erscheint es bedenklich, für die Auffassung des § 11 über seinen Wortlaut hinaus darauf entscheidendes Gewicht zu legen, daß im § 1 Abs. 4 des Gesetzes die Baufluchtlinien als die Grenzen bezeichnet werden, „über welche hinaus die Bebauung ausgeschlossen ist.“ Diese Worte finden sich in dem Abs. 4 des § 1 an einer Stelle, wo nichts weiter bezweckt ist, als die rechtliche Bedeutung der Straßenfluchtlinie in ihrem Verhältnis zur Baufluchtlinie klarzustellen. Es ist deshalb ausgeschlossen, ihnen das Gewicht beizumessen, als hätte durch sie die ausnahmslose Rechtsnorm festgelegt werden sollen, daß jedes „Bauen“ über die Baufluchtlinie hinaus unzulässig sei. Es genügt hiergegen auf die Umwährungen der Vorgärten, auf die zahlreichen baulichen Anlagen, für die das Straßenterrain recht eigentlich bestimmt ist, Kanäle, öffentliche Bedürfnisanstalten, Plakatvorrichtungen und dergl., endlich auf die über die Baufluchtlinie vorspringenden Häuserteile, wie Erker, Balkone, Risalite und dergl. (Bd. XXII. S. 372) hinzuweisen.

Bietet hiernach aber der Abs. 4 des § 1 keinen genügenden Anhalt, um den ersten Satz des § 11 über seinen Wortlaut hinaus auszulegen, so fehlt es überhaupt an einer Stütze für die Auffassung, daß darin ein mehreres anerkannt sei, als die Befugnis der Polizeibehörde, das Bebauen des künftigen Straßenterrains zu untersagen. Der Gerichtshof befindet sich hierbei im Einklange mit der den Erlaß der Ressortminister vom 15. Februar 1887 (M.-Bl. S. 70) zu Grunde liegenden Rechtsansicht.

Nach § 11 des Fluchtliniengesetzes soll unzweifelhaft das Bebauen künftigen Straßenterrains zwischen den Straßen- und Baufluchtlinien untersagt werden können, sobald es sich durch Neu-, Um- oder Ausbau vollzieht. Hierbei ist nicht zu übersehen, daß der allgemeine und feststehende Sprachgebrauch das bloße Umwähren und Umzäunen der Grundstücke, auch wenn es sich um Mauern und dergleichen Bauwerk handelt, bei der Anwendung des Wortes „Bebauen“ nicht berücksichtigt. Wird auch der Grenzstreifen, auf welchem die Mauer oder Planke steht, durch deren Errichtung „bebaut“, so rechnet doch niemand um deswillen das so umwährte Terrain, den Garten, Zimmerplatz, Hof u. s. w. zu den auch nur teilweise bebauten Grundstücken, so wenig, als der Begriff des „Anbaues“ auf das bloße Umwähren von Grundstücken ausgedehnt wird.

Von Bedeutung endlich ist der schon gedachte Abs. 4 des § 1 des

Gesetzes. Es ist nicht wol einzusehen, wie gerade im Zusammenhange dieser Bestimmung, welche die sog. Vorgärten vorsieht, d. h. Privatgrundstücke, welche zwischen den Bau- und Straßenfluchtlinien liegen, gleichwol aber regelmäßig eingezäunt und ummauert werden müssen, die Baufluchtlinien als die Grenzen, über welche hinaus die Bebauung ausgeschlossen, hätten bezeichnet werden können, wenn man das Ummauern und Umzäunen zur Bebauung gerechnet hätte.

Weisen nach alledem aber nicht nur der gemeine Sprachgebrauch, sondern auch die Materialien und die Wortfassung des Gesetzes selbst daraufhin, das bloße Umwähren der Grundstücke nicht als Bebauen derselben zu behandeln, so muß dies insbesondere auch für die Auslegung des § 11 umsomehr maßgebend sein, als so die Einschränkung der Freiheit zu bauen mit den Gesichtspunkten in Einklang gebracht wird, die ersichtlich für die Regelung der Entschädigungsfrage maßgebend gewesen sind, und als anderseits die Ratio des Gesetzes, den Gemeinden die Anlegung und Regulierung der Straßen zu erleichtern, da am wenigsten ins Gewicht fällt, wo es sich um das bloße Umwähren der Grundstücke handelt. Hätte der Gesetzgeber angenommen, daß auch dieses Umwähren von seinem Verbote getroffen würde, so würde er es schwerlich unterlassen haben, eine Norm vorzusehen, wie sie ihm in dem Art. 6 Abs. 4 der Allg. Bauordnung für das Königreich Württemberg vom 6. Oktober 1872 vorlag.

Nr. 84.

Endurteil des IV. Senats vom 20. Juni 1893 (Entsch. Bd. XXV. S. 393).

Die Ortspolizeibehörde ist nach § 111 Zust.-Ges. zur Behinderung der Errichtung einer der im § 27 R.-G.-O. bezeichneten Anlagen, wie z. B. Bau einer Schmiede in unmittelbarer Nähe der Kirche, nicht zuständig; sie hat in solchen Fällen nur die Beschlußfassung des Bezirksausschusses einzuholen. Die hierauf im Beschlußverfahren erfolgende Entscheidung ist für die Ortspolizeibehörde maßgebend.

Gegen den Beschluß des Bezirksausschusses findet nach Maßgabe des § 121 L.-V.-G. in Verbindung mit § 113 Zust.-Ges. innerhalb zwei Wochen nur die Beschwerde an den Minister für Handel und Gewerbe statt.

Nr. 85.

Endurteil des IV. Senats vom 24. November 1893 (Entsch. Bd. XXV. S. 387).

1) Die Annahme, daß ein ordnungsmäßig zustande gekommener Fluchtlinienplan wie ein ordnungsmäßig publiziertes Gesetz zu betrachten und es dem Verwaltungsrichter unbedingt verwehrt sei, in eine materielle Prüfung desselben einzutreten, ist irrig. Es ist in dieser Beziehung zwischen dem Resultate der Festsetzung und den Motiven derselben wol zu unterscheiden. Durch die Festsetzung von Fluchtlinien wird im Resultat eine Rechtsnorm geschaffen, welche aber in materieller Hinsicht nicht mit dem materiellen Inhalt des Gesetzes vom 2. Juli 1875 und dem sonst etwa auf die Sache bezüglichen objektiven Recht im Widerspruch stehen darf, und der Verwaltungsrichter ist wol befugt zu prüfen, ob dieses der Fall ist oder nicht. Er ist dagegen nicht berechtigt, zu untersuchen, ob die Motive, welche die zuständige Behörde zur Festsetzung der Rechtsform geführt haben, richtige sind. Das

Gesetz enthält nicht einmal eine Vorschrift darüber, daß die Behörden, welche in dem Festsetzungsverfahren Entscheidungen zu treffen haben, verpflichtet sind, Motive dafür anzugeben, und schon dieses zeigt, daß es für die weitere Wirkung der Fluchtlinienfestsetzung nur auf das Resultat, nicht auf die Motive ankommt. Ist das Resultat aber ein rechtswidriges, so darf die Fluchtlinienfestsetzung nicht zur Grundlage für weitere Entscheidungen dienen.

2) Das Fluchtliniengesetz vom 2. Juli 1875 spricht zwar im § 1 nur von der „Anlegung" und „Veränderung" von Straßen ꝛc. und im § 10 nur von der „Aufhebung" und „Abänderung" von Fluchtlinien; der Gerichtshof ist aber in Uebereinstimmung mit dem Reichsgerichte — vergl. die Entscheidungen desselben in Zivilsachen Bd. XXIII. S. 283 — der Ansicht, daß dadurch den Gemeinden nicht das Recht verschränkt werde, eine schon bestehende ältere Fluchtlinie noch einmal auf Grund des Gesetzes vom 2. Juli 1875 festzusetzen. Abgesehen davon, daß dies für die Gemeinden schon deshalb sehr wesentlich ist, damit sie sich die Vorteile des Gesetzes, unter anderen z. B. das Enteignungsrecht, sichern, würden auch sonst ganz unannehmbare Folgerungen entstehen. Man denke sich nur den Fall, daß eine neue Fluchtlinie festgesetzt werden soll, welche in einzelnen Teilen mit bereits bestehenden älteren Fluchtlinien zusammenfällt; ein Rechtszustand, nach welchem diese älteren Teile unangreifbar einem anderen Recht unterstehen, und nur die neueren dem Verfahren des Gesetzes vom 2. Juli 1875 unterliegen sollten, ist ohne weiteres abzulehnen.

Nach § 1 Abs. 4 a. a. O. soll zwar in der Regel die Baufluchtlinie höchstens 3 m von der Straßenfluchtlinie zurücktreten; aber dieser Worlaut zeigt klar, daß Ausnahmen von dieser Regel zugelassen sind, und wenn nach der Entscheidung des Provinzialrats eine solche Ausnahme in dem vorliegenden Umfang für angemessen erachtet worden ist, so ist nicht erkennbar, inwiefern hierdurch die Vorschriften des Gesetzes verletzt sein sollten. Ob die von dem Provinzialrat dargelegten Motive für seinen Beschluß von Irrtum etwa nicht ganz frei sind, unterliegt der Beurteilung des Verwaltungsrichters nicht; das Resultat seiner Entscheidung enthält nichts dem Gesetz Widersprechendes, und darauf allein kommt es an.

Nr. 86.

Endurteil des IV. Senats vom 13. Januar 1894 (Entsch. Bd. XXVI. S. 324).

Nach der Baupolizeiordnung für die Vororte von Berlin vom 5. Dezember 1892 (Potsdamer Amtsblatt von 1892 S. 527) kann die Baufreiheit durch Polizei-Verordnungen eingeschränkt werden, insbesondere hinsichtlich der landhausmäßigen Bebauung. Hierfür sind aber bestimmte Grenzen vorgeschrieben.

Nr. 87.

Endurteil des IV. Senats vom 5. Mai 1894 (Entsch. Bd. XXVI. S. 334).

In der Stadt Düsseldorf wollte ein Kaufmann in seinem Hausgrundstücke eine bauliche Veränderung in der Art vornehmen, daß er den gesamten vorhandenen Hofraum bis auf die Kellersohle ausschachtete, sodann einen einzigen Raum mit Oberlicht herstellte und das Ganze mit seinen Geschäftsräumen in Verbindung zu bringen gedachte. Dies wurde aber für unstatthaft erachtet als mit der bestehenden örtlichen Baupolizeiordnung in Widerspruch stehend.

Nr. 88.

Endurteil vom 2. Mai und 6. Juni 1894 (Entsch. Bd. XXVI. S. 338 u. 346).

In Ortschaften, wo Baufluchtlinien nicht bestehen, dürfen in der Regel Gebäude nur in gewisser Entfernung von dem Rande öffentlicher Wege errichtet werden. Solche Vorschriften bestehen zu Recht in Städten und ländlichen Ortschaften.

Nr. 89.

Endurteil des IV. Senats vom 26. Januar 1894 (Entsch. Bd. XXVI. S. 350).

1) Unter Neu-, Um- und Ausbauten, welche nach § 11 des Gesetzes vom 2. Juli 1875 (G.-S. S. 561) schon vor Beginn der Offenlegung der Pläne (§ 8) über die in Aussicht genommene Fluchtlinie hinaus versagt werden können, aber nicht versagt werden müssen, fallen die Einfriedigungen von Terrain, das rechtlich noch nicht Teil der Straße geworden, überhaupt nicht. Hiernach beurteilt sich die Frage über die Zulässigkeit der Umzäunung künftigen Straßenterrains innerhalb der Straßenfluchtlinien, welche vor Erlaß jenes Gesetzes festgesetzt worden sind.

2) Oeffentliche Parkanlagen, Schmuckplätze u. s. w. gehören zu den öffentlichen Verkehrsanstalten und teilen als solche den für die öffentlichen Wege begründeten Rechtszustand, können auch ebenso wie jene für den öffentlichen Verkehr in Anspruch genommen werden.

Nr. 90.

Endurteil des IV. Senats vom 18. April 1894 (Entsch. Bd. XXVI. S. 359).

1) „Straßenteile“ im Sinne des § 12 des Gesetzes vom 2. Juli 1875 und vieler gleichlautender Ortsstatute sind begrifflich Gebäudecomplexe, welche mit dem Straßennetze nach irgend einer Seite hin mittels gehörig in Stand gesetzten Straßen in Verbindung stehen, an fertige Straßen angeschlossen sind und die sich objektiv betrachtet äußerlich oder geschichtlich als besondere Abschnitte einer Straße darstellen.

2) Die Chaussierung der städtischen Straßen gilt als eine für den städtischen Verkehr wohl geeignete Straßenbefestigung im Sinne ortspolizeilicher Bestimmungen über den Begriff fertig hergestellter Straßen.

3) Wenn das, was zur Fertigstellung einer Straße allein noch fehlt, nach Ortsrecht von dem Bauunternehmer beim Anbau hergestellt werden muß und polizeilich erzwungen werden kann, so ist die Bauerlaubnis nicht zu versagen.

XXIII.

Ansiedelungen und Kolonien.

(Einzuschalten auf S. 75 des Ergänzungsbandes 1892.)

Nr. 22.

Endurteil des IV. Senats vom 13. Juni 1893 (Entsch. Bd. XXV. S. 396).

1) Für den Begriff einer Kolonie ist an erster Stelle der Umfang des Unternehmens ausschlaggebend; es widerspricht aber ebensowol dem Sprachgebrauche wie den Anschauungen des gewöhnlichen Lebens, ein einzelnes Wohnhaus, in dem vier Arbeiterfamilien untergebracht werden, als Kolonie zu bezeichnen. Die bloße Möglichkeit, daß eine Ansiedelung Veranlassung zu einer anderweiten Regelung der Kirchen-, Schul- und Gemeindeverhältnisse geben könne, genügt in einem solchen Falle nicht, um der Ansiedelung den Charakter einer Colonie zu verleihen; diese Möglichkeit besteht unter Umständen auch dann, wenn nur eine einzige Familie angesiedelt werden soll; niemals aber ist es thunlich, die Ansiedelung einer Familie als die Anlegung einer Kolonie zu behandeln.

Die Befürchtung, daß die Ansiedelung zu einer Beschädigung der Nutzungen benachbarter Grundstücke führen möge, vermag nicht jedesmal und ohne weiteres eine Versagung der Genehmigung zu rechtfertigen (Entscheidungen des Ober-Verwaltungsgerichts Bd. XIX. S. 399 und 413).

2) Beruft sich der Verwaltungsrichter auf Gerichtskunde, so ist er verpflichtet, die seiner Ansicht nach maßgebenden Verhältnisse bestimmt und genau anzugeben, auf daß ein Angriff in der weiteren Instanz und eine Nachprüfung des Revisionsrichters dahin möglich wird, ob der Vorderrichter nicht bei seiner Auffassung von ganz unzutreffenden Voraussetzungen ausgegangen ist.

Nr. 23.

Endurteil des IV. Senats vom 5. Mai 1894 (Entsch. Bd. XXVI. S. 367).

1) In der Provinz Hessen-Nassau (Ansiedelungsgesetz vom 11. Juni 1890 — G.-S. S. 173 —) steht die Vertretung der Gemeindeinteressen gegen ein Ansiedelungsprojekt nicht den bei der Ansiedelung interessierten Grundbesitzern zu, sondern nur dem beteiligten Gemeindevorstande.

2) Es handelte sich um die Anlegung einer Heilanstalt für Lungenkranke, von denen thatsächlich eine Gefährdung von Nutzungen aus dem Feld- und Gartenbau nicht vorauszusetzen ist. Bei der Abwägung der widerstreitenden Interessen des Ansiedlers und der beteiligten Grundbesitzer gegeneinander kommt man in diesem Falle zu der Ueberzeugung, daß die Interessen der Grundbesitzer zurücktreten müssen gegen die der Kranken in der Heilanstalt.

3) Der Schutz von Mineralquellen gegen die in den Oberwässern einer Ansiedelung drohenden Benachteiligungen kann durch Einspruch in dem Ansiedelungsverfahren nicht verfolgt werden.

Nr. 23.

Endurteil des IV. Senats vom 20. Juni 1894 (Entsch. Bd. XXVI. S. 372.)

Eine Ansiedlung, bei welcher es unterlassen worden ist, das im § 16 des Gesetzes vom 25. August 1876 vorgeschriebene Verfahren zu beobachten, insonderheit die vorgeschriebenen Bekanntmachungen zu erlassen, kann dieserhalb nicht zwangsweise beseitigt werden, zumal der vorgefallene Mangel täglich behoben werden kann.

XXIV.

Versicherungen.

(Einzuschalten auf S. 75 des Ergänzungsbandes 1892.)

Nr. 19.

Endurteil des III. Senats vom 23. Oktober 1893 (Entsch. Bd. XXV. S. 332).

1) Eine Doppelversicherung ist bei Immobilien im Gebiete des A. L.-R. nicht verboten. Die Unterschrift des Versicherungsnehmers ergiebt nur, daß er die Versicherung will. Die fehlende Unterschrift unter einem Prolongationsantrag bildet noch keinen Grund, das polizeiliche Unbedenklichkeitszeugnis auszustellen. Die Unterschrift kann noch nachträglich beigebracht und so die Prolongation rechtsbeständig werden. Im Uebrigen hat die Polizeibehörde die privatrechtliche Gültigkeit der Versicherung nicht zu prüfen.

2) Da die Gefahr einer Ueberversicherung nicht der Prolongation gegenüber, sondern nur einer anderweiten Versicherung gegenüber besteht, so ist ihr auch erst bei dieser entgegenzutreten.

3) Der § 14 des preußischen Gesetzes über das Mobiliar-Feuerversicherungswesen vom 8. Mai 1837, welcher nach der Allerhöchsten Kabinets-Ordre vom 30. Mai 1841 auch für die Immobiliarversicherung gilt, und in den beiden ersten Absätzen bestimmt, daß kein Agent eine Police oder einen Prolongationsschein zu derselben aushändigen darf, bevor er nicht von der Polizei-Obrigkeit des Wohnorts des Versicherungssuchenden die amtliche Erklärung erhalten hat, daß der Aushändigung in polizeilicher Hinsicht kein Bedenken entgegenstehe und daß der Agent zu dem Ende ein Duplikat des Versicherungsantrags und der damit verbundenen Deklaration des Versicherungsnehmers einzureichen hat, bezieht sich sowol auf eine erste Versicherung als auf eine Prolongation.

4) Unter dem im Abs. 2 erwähnten Duplikat ist eine einfache Abschrift (Kopie) zu verstehen, welche der Unterschrift des Versicherungsnehmers nicht bedarf. Somit kann die Polizeibehörde sowol bei einer ersten Versicherung, als bei einer Prolongation weder von dem Versicherungsnehmer direkt verlangen, daß er die Anzeige des Agenten mit unterschreibe, noch von dem Agenten fordern, daß er für eine solche Unterschrift des Versicherungsnehmers sorge. Der Zweck aber, den § 14 Abs. 1 hat, der Polizeibehörde Gelegenheit zum rechtzeitigen Einschreiten gegen eine beabsichtigte unzulässige Versicherung

zu geben, wird bereits erreicht, wenn der der Bestätigung bedürfende, durch die Bestätigung als zuverlässig anerkannte und bei Unrichtigkeit der Angaben in dem Versicherungsantrage strafbare Agent eine von ihm gefertigte Abschrift einreicht; es fehlt an jedem Grunde, weshalb mehr als eine solche Abschrift verlangt sein sollte.

Nr. 20.

Endurteil des III. Senats vom 25. Januar 1894 (Entsch. Bd. XXVI. S. 305).

1) Der Abschluß des Feuer-Versicherungsgeschäftes ist abhängig von der Erteilung des polizeilichen Unbedenklichkeitsattestes. (Gesetz vom 8. Mai 1837 — G.-S. S. 102.)

2) Andere landrechtliche Vorschriften, betreffend den Abschluß solcher Verträge behufs Verhinderung von Ueberversicherungen gegen Feuer, sind beseitigt.

Vierte Abteilung.

Der Verwaltungsprozeß.

XXVIII.

Das Streitverfahren.

(Einzuschalten auf S. 77 des Ergänzungsbandes 1892.)

Nr. 34.

Endurteil des II. Senats vom 22. September 1893 (Entsch. Bd. XXV. S. 430).

Beabsichtigt jemand nur gegen den Bescheid der unteren Instanz bei der höheren Beschwerde (Recurs) einzulegen, giebt diese höhere Instanz die Sache an den Bezirksausschuß zur Einleitung des Verwaltungsstreitverfahrens ab, so kann dasselbe nur dann weiter- und durchgeführt werden, wenn der Antragsteller sich hiermit stillschweigend oder nachträglich einverstanden erklärt, andernfalls dieses Verfahren nicht aufzunehmen ist, da niemand wider seinen Willen zum Kläger gemacht werden darf.

Nr. 35.

Endurteil des II. Senats vom 17. November 1893 (Entsch. Bd. XXV. S. 433).

Nach § 112 L. V.-G. vom 30. Juli 1883 kann im Verwaltungsstreitverfahren die Wiedereinsetzung in den vorigen Stand beantragen, wer durch Naturereignisse oder andere unabweisbare Zufälle verhindert worden ist, die vorgeschriebenen Fristen einzuhalten. Ein unabweisbarer Zufall ist darin, daß der Vertreter des Klägers den ihn von diesem rechtzeitig erteilten Auftrag, das zulässige Rechtsmittel einzulegen, nicht ausgeführt hat, nicht zu finden, da die Partei das Thun und Lassen ihres Prozeßbevollmächtigten wie ihr eigenes anerkennen muß, (vergl. § 81 C.-P.-Ord.); es kommt also nicht darauf an, ob die Partei hierbei persönlich ein Verschulden trifft oder nicht. Andererseits kann allerdings ein unabweisbarer Zufall, welcher die Person des Vertreters betroffen hat, einen Wiedereinsetzungsgrund abgeben.

Die in Abs. 3 des § 52 L. V.-G. ausgesprochene Vorschrift, daß für eine im Verwaltungsstreitverfahren zu gewährende Wiedereinsetzung in den vorigen Stand lediglich die für das Verwaltungsstreitverfahren besonders getroffenen Bestimmungen maßgebend sein sollen, ist nicht im Gegensatz zu den Bestimmungen der bürgerlichen Prozeßgesetze, auf welche nur im ersten Absatz wegen der Fristberechnung Bezug genommen ist, zu verstehen, sondern Abs. 3 schließt sich an Abs. 2 an, nach welchem die Wiedereinsetzung in den vorigen Stand gegen die verspätete Einlegung einer außerhalb des Streitverfahrens stehenden Beschwerde in weiterem Umfange gestellt ist.

Nr. 36.

Endurteil des IV. Senats vom 2. März 1894 (Entsch. Bd. XXVI. S. 430).

Nach § 112 des Landesverwaltungsgesetzes vom 30. Juli 1883 ist zu dem Antrage auf Wiedereinsetzung in den vorigen Stand berechtigt, „wer durch Naturereignisse oder andere unabwendbare Zufälle verhindert worden ist, die in den Gesetzen für Anstellung der Klage vorgeschriebenen Fristen einzuhalten". „Als unabwendbarer Zufall ist es anzusehen, wenn der Antragsteller von einer Zustellung ohne sein Verschulden keine Kenntnis erlangt hat." Hierher gehören diejenigen Fälle, in denen die Zustellung von dem Adressaten selbst nicht ausgeführt werden kann, weil derselbe an dem Orte, wo sie zu erfolgen hat, nicht angetroffen wird, wo aber die Zustellung nach gesetzlicher Vorschrift mit rechtlicher Wirksamkeit für ihn an eine andere Person stattfinden darf und thatsächlich an letztere ausgeführt wird (Fälle der sog. Ersatzzustellung — §§ 166, 168, 169 der Civilprozeßordnung). Es kann somit ein Versehen oder Verschulden des Ersatzmannes nicht ohne Weiteres der Partei, für welche derselbe die Zustellung in Empfang genommen hat, zur Last gelegt werden.

Nr. 37.

Endurteil des IV. Senats vom 2. Januar 1894 (Entsch. Bd. XXVI. S. 434).

Eine gemäß §§ 95, 86 Abs. 3 des Landesverwaltungsgesetzes vom 30. Juli 1883 zur Rechtfertigung der Revision gewährte Nachfrist läuft gemäß § 52 a. a. O. und § 202 der Civilprozeßordnung vom 30. Januar 1877 von dem Ablauf der gesetzlichen Frist (Vgl. Bd. XII der Entsch. S. 436, Endurteil vom 19. September 1885), wenn nicht in der die Nachfrist bewilligenden Verfügung ausdrücklich etwas Anderes gesagt ist.

Nr. 38.

Endurteil des IV. Senats vom 4. April 1894 (Entsch. Bd. XXVI. S. 438).

1) Verfügungen und Bescheide, die auf dem Gebiete der allgemeinen Landesverwaltung ergehen, brauchen dem Adressaten nicht persönlich behändigt zu werden.

2) Eine Behändigung ist um deswillen nicht als rechtlich wirkungslos anzusehen, weil dem Empfänger keine Abschrift der aufgenommenen Zustellungsurkunden erteilt ist.

XXX.

Disziplinarsachen.

(Einzuschalten auf S. 68 des Ergänzungsbandes 1893.)

Nr. 15.

Endurteil des I. Senats vom 17. Juni 1893 (Entsch. Bd. XXV. S. 412).

Wenngleich das Disziplinargesetz den Fall, in welchem eine und dieselbe Person zwei Aemter bekleidet und bezüglich jedes dieser einer anderen Disziplinaraufsicht untersteht, nicht besonders vorgesehen hat, so kann gleichwol sowol die dem Haupt- wie die dem Nebenamte vorgesetzte Dienstbehörde Ordnungsstrafen verhängen (Entsch. Bd. V. S. 42). Daß dabei jede auf den Monatsbetrag desjenigen Diensteinkommens, das gerade mit dem ihrer Dienstaufsicht unterstellten Amte verbunden ist, beschränkt sein soll, ist im Gesetz nirgends ausgesprochen. Die Absicht des Gesetzgebers ging vielmehr nur dahin, einer Gefährdung des Privathaushalts der Beamten infolge übermäßiger Strafen dadurch vorzubeugen, daß diese bei besoldeten Beamten $^1/_{12}$ des jährlichen Diensteinkommens nicht übersteigen dürfen. Deshalb ist der Landesdirektor gemäß § 98² der Provinzialordnung in der Fassung des Gesetzes vom 22. März 1881 und § 19 des Disziplinargesetzes vom 21. Juli 1852 wol befugt, einem nebenamtlich nur mit jährlich 75 Mark als Kurator eines Provinzial-Instituts besoldeten städtischen Syndikus mit einer Strafe seines gesamten einmonatlichen Gehalts zu belegen und somit nicht auf den einmonatlichen Betrag von 75 Mark i. e. 6,25 Mark beschränkt.

Nr. 16.

Endurteil des I. Senats vom 28. Oktober 1893 (Entsch. Bd. XXV. S. 415).

1) Die nach § 59 Städte-Ord. vom 30. Mai 1853 zur dauernden Verwaltung oder Beaufsichtigung einzelner Geschäftszweige aus Mitgliedern des Magistrats und der Stadtv.-Versammlung eingerichteten besonderen Deputationen sind öffentliche Behörden und ihre Mitglieder öffentliche Beamte. — Die städtischen Deputationen bearbeiten als organische Bestandtheile einer öffentlichen Behörde — des Magistrats — öffentliche Angelegenheiten selbständig, die dienstliche Stellung der Deputationen und ihrer Mitglieder kann deshalb in rechtlicher Beziehung nicht anders als die des Magistrats und seiner Mitglieder beurteilt werden.

2) Ein Stadtverordneter, welcher gleichzeitig Mitglied einer solchen Deputation — Baudeputation — ist, genießt zwar in seiner ersteren Eigenschaft keine Beamtenqualität, ist dagegen als Mitglied der städtischen Baudeputation zu den Beamten zu rechnen. Daraus, daß gegen ihn als Mitglied der Stadtverordneten-Versammlung ein Disziplinarverfahren nicht stattfinden darf, folgt nicht, daß er gleiche Immunität als Mitglied der Baudeputation genießt; denn seine Immunität als Stadtverordneter gründet sich darauf, daß er als solcher nicht Beamter ist, und dieser Grund fällt fort, wenn er unbeschadet seiner Eigenschaft als Stadtverordneter in Verhältnisse tritt, aus denen ihm die Eigenschaft eines Beamten erwächst. Ob die Uebertragung des Amts mit

Rücksicht darauf erfolgt ist, daß er Mitglied der Stadtverordneten-Versammlung war, ändert darin an sich nichts.

3) Nach § 75 Abs. 2 der Städteordnung können die zu bleibenden Verwaltungsdeputationen gewählten Deputationsmitglieder durch einen übereinstimmenden Beschluß des Magistrats und der Stadtverordneten auch schon vor Ablauf ihrer Wahlperiode von ihrem Amte entbunden werden. Damit soll nach dem Vorgang des § 206 der Städteordnung von 1808 ausdrücklich nach dem Kommissionsbericht die Möglichkeit gegeben werden, solche nicht zu den Magistratsbeamten gehörige unbesoldete Gemeindebeamte, welche sich nicht genügend brauchbar erweisen oder bei denen sonst die Notwendigkeit hinzutritt, dieselben aus dem Amte zu entfernen, in einer wenig kränkenden Weise ohne disziplinare Maßnahmen und ohne Weitläufigkeiten durch andere zu ersetzen. Will also der Gesetzgeber, daß gegen derartige Beamte der Selbstverwaltung, wenn ihre Entbindung vom Amte erforderlich wird, in besonderer, ihre ehrenamtliche Stellung schonend berücksichtigender Weise vorzugehen ist, so erscheint es ausgeschlossen, daß dieselben den Bestimmungen des Disziplinargesetzes vom 21. Juli 1852 unterworfen sind.

§ 1 l. c. hat somit durch den § 75 Abs. 2 Städte-Ord. eine Einschränkung in Betreff der dort genannten Mitglieder der städtischen Deputationen erfahren.

§ 27 Abs. 3 Nr. 2 der in der Ministerialinstruktion vom 20. Juni 1853 in Bezug genommenen Instruktion für die Stadtmagistrate vom 25. Mai 1853, welche von einer Disziplin des Vorsitzenden der städtischen Deputationen über deren Mitglieder spricht, hat nur lediglich geschäftsleitende Maßnahmen, wie Erinnerungen und Zurechtweisungen, im Auge gehabt, wie solche jeder Vorsitzende eines Kollegiums gegen die Mitglieder haben muß, wenn er ordnungsmäßig die Geschäfte führen soll.

4) Auch bei den gewählten Mitgliedern der Kreisausschüsse bestehen analoge Verhältnisse in disziplinarer Beziehung. Während dieselben zwar nach § 39 L.-V.-G. aus Gründen, welche die Entfernung eines Beamten aus seinem Amte rechtfertigen, im Wege der Disziplinaruntersuchung ihrer Stellen enthoben werden können, dürfen dieselben nach § 133 Kr.-Ord. nicht mit Ordnungsstrafen belegt werden.

Nr. 17.

Endurteil des I. Senats vom 24. Januar 1894 (Entsch. Bd. XXVI. S. 412).

1) Ein Beamter ist nicht verpflichtet, Handlungen, welche außerhalb des Kreises der den Inhalt seines Amts ausmachenden Geschäfte liegen, auf Anordnung vorgesetzter Behörden auszuführen. Ob eine einzelne Handlung zu dem Kreise der Geschäfte eines Beamten gehört, haben der Beamte und seine Dienstvorgesetzten zu prüfen. Die Entscheidung der letzteren bindet aber den Untergebenen nicht weiter als jede andere dienstliche Weisung, daher unbedingt nur denjenigen Beamten, welcher „vermöge seines Amts, die Befehle seiner Vorgesetzten ohne Einschränkung zu befolgen, verpflichtet ist" (§§ 47, 46 Tit. 6 Teil I A. L.-R.). Solche Verpflichtungen haben die Gemeinde- und Gutsvorsteher nur, wenn sie als Organe der Polizei handeln.

2) Die Einsammlung kirchlicher Abgaben — abgesehen von ihrer, nach vorgängiger ordnungsmäßiger Feststellung der geschuldeten Beträge etwa in die Wege zu leitenden exekutivischen Beitreibung, für welche letztere die Voll-

streckungsbehörde von der Bezirksregierung zu bestimmen ist (Allerh. Kabinetsordre vom 19. Juni 1836, G.-S. S. 198, in Verbindung mit §§ 1, 3 Abs. 3 der Verordnung vom 7. September 1879, G.-S. S. 541) — gehört nicht zu den Amtspflichten der Guts- und Gemeindevorsteher, auch nicht im Geltungsgebiet des Ostpreußischen Provinzialrechts.

Nr. 18.

Endurteil des I. Senats vom 11. Mai 1894 (Entsch. Bd. XXVI. S. 417), und **Beschluß des Disziplinarsenats vom 5. Oktober 1894** (ebenda S. 425).

1) Der § 33 des Gesetzes, betreffend die Dienstvergehen der nicht richterlichen Beamten vom 21. Juli 1852, ermächtigt ausschließlich und allein den Minister nach Einstellung des Verfahrens „geeigneten Falles eine Ordnungsstrafe zu verhängen.“ Durch den § 20 des Zuständigkeitsgesetzes vom 1. August 1883 ist diese Befugnis auf den Regierungspräsidenten nicht übertragen.

2) Die zu 1 gedachte Befugnis des Ministers ist durch den § 20 a. a. O. und den § 157 des Landesverwaltungsgesetzes vom 30. Juli 1883 auch nicht auf den Bezirksausschuß übertragen.

3) Falls der Bezirksausschuß nach dem Ausfall der Voruntersuchung nicht die Freisprechung, sondern irgend welche Strafe für geboten erachtet, kann er solche nur nach vorgängiger mündlicher Verhandlung und nur durch Urteil verhängen; erachtet er aber eine Ordnungsstrafe für geboten, so ermächtigt ihn der Ausfall der Voruntersuchung bezw. das Gesetz nicht zu dem Beschlusse auf Einstellung des Verfahrens.

4) Gegen den Einstellungsbeschluß, der als eine die Leitung des Verfahrens betreffende Anordnung sich darstellt, steht die an keine Frist gebundene Beschwerde des § 110 des Landesverwaltungsgesetzes offen.

XXXI.

Konflikte.

(Einzuschalten auf S. 69 des Ergänzungsbandes 1893.)

Nr. 30.

Endurteil des I. Senats vom 17. Mai 1893 (Entsch. Bd. XXV. S. 420).

Der § 100 L.-V.-G. betrifft lediglich die „im Verwaltungsstreitverfahren ergangenen Endurteile.“ Konfliktsachen sind dagegen ihrem inneren Wesen nach durchaus verschieden von den Verwaltungsstreitsachen. Der in jenen ergehende richterliche Ausspruch wird im § 114 a. a. O. von dem Gesetzgeber im Reich wie in Preußen ausdrücklich und stets als eine „Vorentscheidung“ bezeichnet, damit aber jedenfalls soviel zum Ausdruck gebracht, daß jener Ausspruch als ein „Endurteil“ im Sinne des § 100 nicht betrachtet werden darf. Damit fällt die Voraussetzung für die analoge Gesetzesanwendung des § 114 auf § 100, die Gleichartigkeit zwischen dem gesetzlich geregelten und dem zu beurteilenden Sachverhalt. Wenn der § 114 die analoge Anwendung der für die Verwaltungsstreitsachen ergangenen Verfahrensvorschriften auf die Konfliktsachen anordnet, so können darunter eben nur die gemeint sein, die der § 12 der Verordnung über die Kompetenzkonflikte genauer präzisiert hatte, nämlich diejenigen, die die Vorbereitung und Abhaltung der mündlichen Verhandlung, die Abfassung und Verkündigung der Entscheidung, nicht aber die, welche die gegen Endurteile zulässigen Rechtsmittel regeln. Demnach ist eine Wiederaufnahmeklage gegen Konfliktsentscheidungen unzulässig.

Nr. 31.

Endurteil des I. Senats vom 25. November 1893 (Entsch. Bd. XXV. S. 425).

Die erste und selbstverständliche Voraussetzung jeder Konfliktserhebung im Sinne des § 1 des Gesetzes vom 13. Februar 1854 (zu vgl. Art. IV. der Verordnung vom 16. September 1867, G.-S. S. 1515) ist, daß gegen den betreffenden Beamten wegen einer amtlichen Handlung oder wegen der Unterlassung einer solchen thatsächlich „eine gerichtliche Verfolgung im Wege des Zivil- und Strafprozesses eingeleitet worden ist“. Die Einleitung ist im ersteren Falle erfolgt, sobald dem Beamten die Klage behändigt und damit die Streitsache rechtshängig geworden ist (§§ 230, 235 der Zivilprozeßordnung). Das Vorhandensein jener Voraussetzung kann aber zweifelhaft sein, wenn dem Beamten die Befugnis zur Vertretung einer juristischen Person beiwohnt und die Handlung, welche den Gegenstand oder den Grund der gerichtlichen Verfolgung bildet, sowol ihm persönlich als auch der von ihm vertretenen juristischen Person zugerechnet werden kann. Das trifft u. A. zu, wenn eine Besitzstörung, welche der Beamte in seiner Eigenschaft als Vertreter einer juristischen Person, z. B. der Gemeindevorsteher als Organ der Gemeinde, unternommen hat, im Wege des Zivilprozesses verfolgt wird. Hier ist, je nach der Verschiedenheit der rechtlichen Auffassungen die Verfolgung sowol des Beamten für seine Person, als der von ihm vertretenen Korporation möglich. In solchen Fällen hat der zur Entscheidung über den erhobenen Konflikt berufene Gerichtshof nach den Erklärungen der Parteien und den Handlungen (Verfügungen und Urteilen) der Gerichte zu prüfen, wer als der verfolgte Teil anzusehen ist, ohne übrigens dabei an die von einer oder der andern Seite geltend gemachte Auffassung gebunden zu sein.

Fünfte Abteilung.

Entscheidungen in Staats-Steuersachen.

I A.

Allgemeine Besteuerungsgrundsätze.

(Einzuschalten auf S. 75 des Ergänzungsbandes 1893.)

Nr. 16.

Entscheidung des V. Senats, 1. Kammer, vom 2. Juni 1893 (Bd. II. S. 42).

Lebt Censit, wie er behauptet, im Hause seines Vaters, so daß er dort Wohnung und Unterhalt genießt, und ist er dafür in dessen Gewerbe behülflich, so ist eine Besteuerung des Sohnes ausgeschlossen und nur dann eine selbständige Veranlagung des Sohnes möglich, wenn er Vergütung in bedungener Höhe und barem Gelde erhält, die dann bei der Besteuerung des Vaters in Abzug kommt (§ 11 des Einkommensteuergesetzes und Art. 6 I. 2b der Ausführungsanweisung).

Nr. 17.

Entscheidung des V. Senats, 1. Kammer, vom 14. Juni 1893 (Bd. II. S. 55).

Personen, welche außer der preußischen Staatsangehörigkeit noch die Staatsangehörigkeit eines anderen Bundesstaates besitzen und sowol in Preußen, wie in dem anderen Bundesstaat einen Wohnsitz haben, sind nicht gemäß § 2 (objektive beschränkte Steuerpflicht), sondern gemäß § 1 (subjektive Steuerpflicht) steuerpflichtig.

Nr. 18.

Entscheidung des V. Senats, 1. Kammer, vom 14. Juni 1893 (Bd. II. S. 65).

Der Art. 29 der Ausführungsanweisung bestimmt: Stellt sich als Ergebnis der Berechnung des Einkommens aus einer einzelnen Quelle ein Verlust heraus, so ist auch dies anzugeben und bei der Feststellung des Gesamteinkommens zu berücksichtigen.

Das Oberverwaltungsgericht hat in der angeführten Entscheidung diesen Grundsatz gebilligt.

Nr. 19.

Entscheidung des V. Senats, 4. Kammer, vom 29. Juni 1893 (Bd. II. S. 78).

Eine mit dem Beginn des Steuerjahres, für welches die Veranlagung erfolgt, bestimmt eintretende Vermehrung des Einkommens ist bei der Veranlagung zu berücksichtigen.

Nr. 20.

Entscheidung des V. Senats, 1. Kammer, vom 20. September 1893 (Bd. II. S. 173).

1) Soll eine dauernd von ihrem Ehemanne getrennt lebende Ehefrau gemäß § 11 des Einkommensteuergesetzes selbständig veranlagt werden, so ist nach Maßgabe des geltenden ehelichen Güterrechts zu prüfen, ob die Ehefrau rechtlich überhaupt besonderes Vermögen und Einkommen haben kann. Bei bestehender allgemeiner Gütergemeinschaft oder einem Nießbrauchsrechte des Ehemannes an dem etwaigen Vermögen der Ehefrau würde von einem besonderen Einkommen der letzteren nicht die Rede sein dürfen.

2) Die Beantwortung der Frage, ob eine Ehefrau von ihrem Ehemanne dauernd getrennt lebt, liegt auf thatsächlichem Gebiete und ist nicht schon allein damit gegeben, daß die Krankheit des Mannes seine Unterbringung außerhalb der ehelichen Wohnung in einer Irrenanstalt nötig gemacht hat; sie ist nach der Gesamtheit der Verhältnisse einer Prüfung und Beurteilung zu unterziehen.

Nr. 21.

Entscheidung des V. Senats, 4. Kammer, vom 22. September 1893 (Bd. II. S. 343).

Die aus der preußischen Staatskasse einem in Anhalt wohnenden früheren Angestellten des ehemaligen Berlin-Anhaltischen Eisenbahnunternehmens gezahlte Pension ist gemäß § 2a. des Einkommensteuergesetzes in Preußen zu besteuern.

Nr. 22.

Entscheidung des V. Senats vom 25. September 1893 (Bd. II. S. 89).

Das Einkommen aus Kapitalien, welche ein Steuerpflichtiger der in seinem Haushalte lebenden unverheirateten Tochter übergeben hat, ist dem Einkommen des ersteren nicht zuzurechnen, sondern als Einkommen der Tochter selbständig zur Steuer zu veranlagen (§ 11 Abs. 2 Nr. 2 des Einkommensteuergesetzes), wenn die Kapitalien gemäß § 154 II. 2. A. L.-R.'s der Tochter unter der ausdrücklichen Bestimmung zugewendet sind, daß sie dem väterlichen Nießbrauch nicht unterworfen sein sollen.

Bei einer solchen Zuwendung von Inhaberpapieren genügt Uebergabe der letzteren unter der gedachten ausdrücklichen Bestimmung. Bei der Zuwendung der Forderung aus einem Schuldschein bedarf es einer schriftlichen Cession gemäß 394 I. 11. A. L.-R.'s.

Nr. 23.

Entscheidung des V. Senats vom 25. September 1893 (Bd. II. S. 93).

Nach § 148 II. 2. A. L.-R.'s gehört zum freien — d. h. der Verwaltung und dem Nießbrauch des Vaters nicht unterliegenden — Vermögen alles, was dieselben, außerhalb des Betriebes der väterlichen Geschäfte, durch Fleiß und Geschicklichkeit erwerben.

Dieser Erwerb ist nach § 11 des Einkommensteuergesetzes dem steuerpflichtigen Einkommen des Vaters nicht hinzuzurechnen, vielmehr sind die Kinder mit demselben selbständig zu veranlagen. Liefern die Kinder ihren auf die gedachte Weise erlangten Erwerb als Kostgeld an den Vater ab, so dürfen die abgelieferten Beträge doch dem steuerpflichtigen Einkommen des letzteren nicht hinzugerechnet werden. Steuerpflichtiges Einkommen des Vaters ist eventuell nur der Reinverdienst aus der Gewährung von Kost und Unterkunft an die Kinder gegen die Zahlung des Kostgeldes.

Nr. 24.

Entscheidung des V. Senats vom 25. September 1893 (Bd. II. S. 95).

Ist zur Feststellung ihrem Betrage nach unbestimmter oder schwankender Einnahmen bei der erstmaligen Veranlagung nach dem Einkommensteuergesetze nicht mit den unmittelbar der Veranlagung vorangegangenen Geschäftsjahren gerechnet, sondern das letzte Jahr, weil das Resultat desselben nicht bekannt war, außer Betracht gelassen, so ist es nicht gerechtfertigt, wenn bei einer späteren Veranlagung die Einnahmen aus den drei unmittelbar vorhergehenden Geschäftsjahren feststehen, nunmehr entsprechend der ersten Veranlagung ebenfalls das letzte vorhergehende Geschäftsjahr außer Berechnung zu lassen.

Nr. 25.

Entscheidung des V. Senats, 3. Kammer, vom 26. September 1893 (Bd. II. S. 102).

Das einem Haussohne für Studien verliehene Stipendium unterliegt in der Regel weder nach Landrecht noch nach gemeinem Recht der Verfügung des Vaters und ist daher dem steuerpflichtigen Einkommen des letzteren nicht hinzuzurechnen.

Nr. 26.

Entscheidung des V. Senats vom 2. Oktober 1893 (Bd. II. S. 119).

Die Thatsache, daß einer im Auslande domizilierten Aktiengesellschaft seitens des preußischen Fiskus der Eisenbahnbetrieb auf einer demselben gehörigen, in Preußen belegenen Eisenbahnstrecke gegen einen jährlichen Zins überlassen ist, ist allein nicht ausreichend, die Steuerpflicht der Aktiengesellschaft gemäß §§ 2b, 16 des Einkommensteuergesetzes zu begründen. Es bedarf hierzu vielmehr noch der Feststellung des Vorhandenseins von preußischen Gewerbe- oder Handelsanlagen oder sonstigen gewerblichen Betriebsstätten, aus welchen der ausländischen Aktiengesellschaft ein Einkommen zufließt.

Nr. 27.

Entscheidung des V. Senats vom 2. Oktober 1893 (Bd. II. S. 127).

1) Nach § 3 des Reichsgesetzes wegen Beseitigung der Doppelbesteuerung vom 13. Mai 1870 steht die Besteuerung des aus dem Gewerbebetriebe herrührenden Einkommens demjenigen Bundesstaate zu, in dem das Gewerbe betrieben wird; daraus folgt, daß, wenn das Gewerbe teilweise in einem, teilweise in einem anderen Bundesstaate betrieben wird, alsdann jeden dieser beiden Staaten das Besteuerungsrecht bezüglich des auf dem in seinem Gebiete ausgeübten Gewerbebetriebe entfallenden Einkommenteiles nicht verschränkt ist. Macht ein Staat von diesem Rechte Gebrauch, so ist eine Doppelbesteuerug begrifflich ausgeschlossen.

2) Die Heranziehung zur Einkommensteuer aus Gewerbebetrieb gemäß § 2 litt. b. des Einkommensteuergesetzes setzt das Vorhandensein einer gewerblichen Betriebsstätte in Preußen voraus.

3) Hat eine in einem anderen Bundesstaate domizilierte Aktiengesellschaft einen Beamten nach Preußen entsendet, der daselbst in einem zu diesem Zweck beschafften Bureau im Interesse der Gesellschaft thätig ist, so ist das Vorhandensein einer „gewerblichen Betriebsstätte“ in Preußen nicht dadurch bedingt, daß jener Beamte auch ermächtigt ist, Rechtsgeschäfte im Namen und für Rechnung der Gesellschaft abzuschließen.

Nr. 28.

Entscheidung des V. Senats vom 16. Oktober 1893 (Bd. II. S. 149).

1) Nach § 6 Ziffer 1 des Einkommensteuergesetzes ist von der Besteuerung ausgeschlossen das Einkommen aus den in anderen deutschen Bundesstaaten belegenen Grundstücken. Im Sinne dieser Bestimmung steht das Reichsland Elsaß-Lothringen den Bundesstaaten gleich.

2) Das Einkommen aus in anderen deutschen Bundesstaaten belegenen Grundstücken bleibt bei der Steuerveranlagung gemäß § 9 Ziffer 2 Abs. 1 vollständig außer Betracht, sowol nach der positiven wie nach der negativen Seite. Es darf daher auf Verluste in der Bewirtschaftung solcher Grundstücke bei der Veranlagung zur Einkommensteuer keine Rücksicht genommen werden.

Nr. 29.

Entscheidung des V. Senats, 1. Kammer, vom 18. Oktober 1893 (Bd. II. S. 264).

1) Das Einkommensteuergesetz unterscheidet scharf zwischen Aktiengesellschaften, die einen Sitz in Preußen haben, und solchen, die dort nur eine Gewerbe- oder Handelsanlage oder sonstige gewerbliche Betriebsstätte haben. Die ersteren sind nach § 1 Nr. 4 a. a. O. grundsätzlich voll, die letzteren nach § 2 a. a. O. nur mit dem Einkommen aus dieser Anlage steuerpflichtig.

2) Ob eine Aktiengesellschaft ihren Sitz in Preußen hat, bestimmt sich nach dem Statut und dem Aktienrecht. Es ist daher nicht statthaft, einen „Sitz im Sinne des Einkommensteuergesetzes“ zu konstatieren, der aktienrechtlich nicht besteht.

Nr. 30.

Entscheidung des V. Senats, 1. Kammer, vom 1. November 1893 (Bd. II. S. 295).

Da die offene Handelsgesellschaft im § 1 Nr. 4 und 5 des Einkommensteuergesetzes nicht erwähnt ist, darf sie als solche nicht zur Einkommensteuer veranlagt werden.

Nr. 31.

Entscheidung des V. Senats, 4. Kammer, vom 2. November 1893 (Bd. II. S. 297).

Bei dem Vorhandensein mehrerer Betriebsstätten teils in Preußen, teils in einem anderen Bundesstaate ist die Annahme eines einheitlichen Geschäfts deshalb nicht ausgeschlossen, weil für beide Betriebsstätten besondere Gewinn- und Verlustrechnungen aufgestellt werden.

Nr. 32.

Entscheidung des V. Senats vom 20. November 1893 (Bd. II. S. 155).

Schwankende Einnahmen sind nach der im § 10 des Einkommensteuergesetzes vorgeschriebenen Durchschnittsberechnung festzustellen, wenn anders die Voraussetzungen für dieselbe vorliegen. Ob letzteres der Fall ist, ist Thatfrage.

Nr. 33.

Entscheidung des V. Senats, 1. Kammer, vom 29. November 1893 (Bd. II. S. 336).

Die einer Mutter gewährte Erziehungsbeihülfe für einen ihrer Haushaltung angehörigen Sohn ist als Teil des Einkommens der Mutter, ein dem Sohne gebührendes Zinseneinkommmen, weil der Verfügung der Mutter nicht unterliegend, als Einkommen des Sohnes zu besteuern.

Nr. 34.

Entscheidung des V. Senats, 1. Kammer, vom 30. November 1893 (Bd. II. S. 340).

1) Ein Steuerpflichtiger hat nach § 1 des Bundesgesetzes vom 13. Mai 1870 und der Anmerkung 23 zu Art. 35 der Ausführungsanweisung vom 5. August 1891 seinen Wohnsitz an dem Orte, an welchem er eine Wohnung unter Umständen inne hat, welche auf die Absicht der dauernden Beibehaltung einer solchen schließen lassen. Zu letzterem gehört, daß zum dauernden Aufenthalte Wohnräume eingerichtet sind, welche dem Steuerpflichtigen für sich und seinen Haushalt standesgemäße Unterkunft gewähren.

2) Durch § 4 des Bundesgesetzes vom 13. Mai 1870 und § 6 No. 1 des Einkommensteuergesetzes sind von der Besteuerung in Preußen nur die aus der Kasse eines anderen B u n d e s s t a a t e s gezahlten Besoldungen, Pensionen u. s. w. ausgeschlossen, nicht aber die vom R e i c h e gezahlten Besoldungen und Pensionen.

Nr. 35.

Entscheidung des V. Senats, 2. Kammer, vom 11. Januar 1894 (Bd. II. S. 363).

Im Falle einer Neuveranlagung infolge eines Erbenfalls (§ 57 des Einkommensteuergesetzes) muß dieselbe mit Rücksicht auf § 56 a. a. O., wenn auch thatsächlich nur für ein Vierteljahr oder einige Monate die Veranlagung zur Steuer notwendig ist, in der Form erfolgen, daß sowol das steuerpflichtige Jahreseinkommen, als auch die zu entrichtende Jahressteuer berechnet wird, und zwar muß dies in der Weise geschehen, daß das Einkommen für das in Betracht kommende Vierteljahr mit 4 multipliziert und nicht etwa das Vierteljahreseinkommen als Jahreseinkommen der Besteuerung zu Grunde gelegt wird.

Nr. 36.

Entscheidung des V. Senats, 1. Kammer, vom 24. Januar 1894 (Bd. II. S. 376).

1) Wird die Steuererklärung nicht beanstandet, so erwächst damit für den Steuerpflichtigen das Recht und für die Veranlagungskommission die Pflicht, daß die Angaben der Steuererklärung der Veranlagung zu Grunde gelegt werden.

2) Unbestimmte oder schwankende Einnahmen sind nach dem Durchschnitt der zur Zeit der Steuererklärung abgeschlossenen drei bezw. zwei letzten Wirtschaftsjahre zu berechnen.

Nr. 37.

Entscheidung des V. Senats vom 5. Februar 1894 (Bd. II. S. 395).

Die von einem im Auslande lebenden Ehemanne seiner zum Zwecke der Kindererziehung in Preußen sich aufhaltenden Ehefrau gewährten Beträge zu ihrem und der Kinder Unterhalt sind nicht steuerpflichtig.

I B.

Besondere Vorschriften.

a) Einkommen aus Kapitalvermögen.

(Einzuschalten auf S. 78 des Ergänzungsbandes 1893.)

Nr. 11.

Entscheidung des V. Senats, 1. Kammer, vom 27. Mai 1893 (Bd. II. S. 9).

1) Bei der Feststellung des Einkommens aus Kapitalvermögen entscheidet das Zinsenbezugsrecht. (Art 8 lit a. der Ausführungsanweisung.)

2) Hinsichtlich des Zinsenbezugsrechtes ist gegenüber dem Inhalt der Schuldurkunde der Gegenbeweis zulässig, daß von vornherein die Schuldurkunde anders niedergeschrieben ist, als wie die Vereinbarung hinsichtlich des Zinsfußes gelautet hat, und daß die Beteiligten darüber einig gewesen sind, daß das mündlich Vereinbarte trotz des abweichenden Inhalts der Urkunde gelten solle.

Eine etwaige nachträgliche mündliche Vereinbarung über Herabsetzung des Zinsfußes wäre zufolge §§ 131, 134, 136 I. 5. A. L.-R.'s nicht rechtswirksam.

Nr. 12.

Entscheidung des V. Senats, 4. Kammer, vom 22. September 1893 (Bd. II. S. 79).

Nach § 4 des Gesetzes vom 13. Mai 1870 (B. G. B. S. 119) und § 6 Nr. 1 des Einkommensteuergesetzes ist das Einkommen aus den in anderen deutschen Bundesstaaten betriebenen Gewerben von der Besteuerung ausgeschlossen, nicht jedoch das Einkommen aus in anderen deutschen Bundesstaaten angelegten Kapitalien. Da der Gewinn aus der Beteiligung von Erwerbs- und Wirtschaftsgenossenschaften nach § 12b. des Einkommensteuergesetzes als Einkommen aus Kapitalvermögen gilt, so unterliegen die von einer in einem anderen Bundesstaate domizilierten Erwerbs- und Wirtschaftsgenossenschaft an einen im übrigen Einkommensteuerpflichtigen (§ 1 des Gesetzes) gezahlten Gewinnanteile ebenfalls der Besteuerung.

Nr. 13.

Entscheidung des V. Senats, 2. Kammer, vom 10. Oktober 1893 (Bd. II. S. 245).

Von einem ererbten Kapital unterliegen nur die etwa davon aufkommenden Zinsen der Einkommensteuer.

Nr. 14.

Entscheidung des V. Senats, 4. Kammer, vom 7. Dezember 1893 (Bd. II. S. 246).

Die Zinsen eines Legats unterliegen der Einkommensteuer von Anfall des Legats bezw. dem Beginne des darauf folgenden Steuerjahres ab. Unerheblich ist es, ob das Legat oder die Zinsen zur Auszahlung gelangt sind.

Nr. 15.

Entscheidung des V. Senats vom 5. März 1894 (Bd. II. S. 441).

1) Auf die Zeit, für welche eine Dividende verteilt wird, kommt es, wenn es sich um Auffindung eines Maßstabes für die Berechnung des Dividenden-Einkommens des einzelnen Empfängers handelt, der nach seinem eigenen Wirtschaftsjahre zu beurteilen ist, überhaupt nicht an.

2) Die Dividenden sind ihrer Natur nach und grundsätzlich schwankende Einnahmen.

3) Der Anspruch auf die einzelne Jahresdividende als obligatorisches Sonderrecht, als echtes Gläubigerrecht, entsteht erst dann, wenn sie nach Maßgabe der Verfassung der Aktiengesellschaften und ihrer Statuten zur Auszahlung festgestellt worden.

4) Für die Berechnung des Einkommens aus Aktien an Dividenden ist der Art. 8 litt. b der Ausführungsanweisung vom 5. August 1891 maßgebend.

5) Aus der Natur der Dividende als einer einmaligen schwankenden Einnahme zu einem bestimmten Zeitpunkte folgt die Unzulässigkeit der ratirlichen Anrechnung der Dividende bei einem Erbfall zur Nachlaßmasse des Erblassers bezw. zum Einkommen des Erben, während eine solche verteilende Berechnung feststehender, vertragsmäßiger Zinsen erfolgen müßte.

b) Einkommen aus Grundvermögen.

(Einzuschalten auf S. 81 des Ergänzungsbandes 1893.)

Nr. 7.

Entscheidung des V. **Senats, 1. Kammer, vom 31. Mai 1893** (Bd. II. S. 19).

Nach Art. 13 der Ausführungsanweisung vom 5. August 1891 bleiben bei Berechnung des steuerpflichtigen Einkommens aus Holzungen außer Ansatz die Ergebnisse außergewöhnlicher, nicht innerhalb der regelmäßigen Nutzung liegender Abtriebe, welche als eine Verminderung des Holzbestandskapitels anzusehen sind.

Ein solcher außergewöhnlicher Abtrieb liegt nicht vor, wenn infolge Unterlassens regelmäßiger jährlicher Abtriebe, in einem Wirtschaftsjahre in größerem Umfange ein Abtrieb von bereits früher schlagbar gewesenen Hölzern stattfindet.

Nr. 8.

Entscheidung des V. **Senats, 1. Kammer, vom 2. Juni 1893** (Bd. II. S. 165).

Bei der Feststellung des Einkommens aus Mietseinnahmen dürfen nur thatsächliche Mietsausfälle in Abzug gebracht werden. Ein genereller Abzug — etwa von 5% — für Mietsausfälle ist unzulässig.

Nr. 9.

Entscheidung des V. **Senats, 1. Kammer, vom 7. Juni 1893** (Bd. II. S. 25).

Eine Forderung, welche durch den Verkauf land- oder forstwirtschaftlicher Erzeugnisse erworben, ist als steuerpflichtiges Einkommen derjenigen Wirtschaftsperioden, in welchen der Verkauf stattgefunden hat, auch dann anzusehen, wenn die Fälligkeit der Forderung erst in einer späteren Zeit eintritt.

Nr. 10.

Entscheidung des V. **Senats, 1. Ferienkammer, vom 27. Juli 1893** (Bd. II. S. 171).

Bei der Berechnung des Einkommens aus einem Hausgrundstücke darf der bei der Erwerbung des letzteren gezahlte Kaufstempel nicht als Ausgabe zur Erwerbung des Einkommens in Abzug gebracht werden (§ 9 I 1 des Einkommensteuergesetzes). Die Zahlung des Kaufstempels stellt sich vielmehr als eine nicht abzugsfähige Verwendung zur Kapitalanlage (§ 9 II 1 a. a. O.) dar.

Nr. 11.

Entscheidung des V. **Senats, 1. Kammer, vom 17. November 1893** (Bd. II. S. 315).

Der bei einem Grundstücksverkaufe vom Eigentümer erzielte Gewinn ist kein Grundstücksertrag. Es kann daher ein Ausländer, welcher zu Spekulationszwecken Grundstücke an- und verkauft, aus dem hierbei erzielten Gewinn nicht gemäß § 2 b des Einkommensteuergesetzes mit Einkommen aus Grundbesitz zur Einkommensteuer herangezogen werden.

Nr. 12.

Entscheidung des V. Senats vom 19. März 1894 (Bd. II. S. 459).

Die Einkünfte aus den in Zwangsverwaltung befindlichen, das Familienfideikommißvermögen bildenden Objekten sind im Sinne des Einkommensteuergesetzes als Jahreseinkünfte des Fideikommißinhabers nicht anzusehen.

c) Einkommen aus Handel und Gewerbe, einschließlich des Bergbaues.

(Einzuschalten auf S. 83 des Ergänzungsbandes 1893.)

Nr. 22.

Entscheidung des V. Senats vom 21. April 1893 (Bd. II. S. 161.)

Gegen die durch die Eintragung einer Firma im Handelsregister begründete Vermutung des Fortbestehens eines Handelsgeschäftes ist Gegenbeweis zulässig.

Nr. 23.

Entscheidung des V. Senats vom 18. Mai 1893 (Bd. II. S. 1).

1) Hat ein handeltreibender Steuerpflichtiger sich zum Beweise seines Einkommens auf seine Buchführung berufen, die Vorlegung der Bilanzen angeboten und die Prüfung derselben durch einen Sachverständigen erbeten, die Berufungskommission aber diesen Beweis zu erheben unterlassen so ist hierin ein wesentlicher Mangel des Verfahrens im Sinne des § 44 Nr. 2 des Einkommensteuergesetzes anzusehen.

2) Beim Einkommen aus einem gewerblichen Betriebe wird der der Besteuerung unterliegende Geschäftsgewinn dann, wenn, wie bei Bankgeschäften, Ankauf und Verkauf von Wertpapieren zum Betriebe gehören, von dem Steigen und Fallen des Kurses der zum Betriebskapital gehörigen Wertpapiere unmittelbar beeinflußt. Von diesem Gesichtspunkte aus sind vom Steuerpflichtigen behauptete Kursverluste im Effektenverkehr von den Verwaltungsbehörden festzustellen.

Nr. 24.

Entscheidung des V. Senats, 1. Kammer, vom 27. September 1893 (Bd. II. S. 176).

1) Bei Feststellung des Einkommens aus zu Spekulationszwecken abgeschlossenen An- und Verkäufen von Grundstücken ist der Gewinn durch Gegenüberstellung einerseits der Anschaffungspreise unter Hinzurechnung der auf die Erhöhung des Kapitalwertes, sowie auf die Erhaltung und Bewirtschaftung der betreffenden Grundstücke verwendeten Kosten — mit Ausschluß der Zinsen des eigenen Kapitals der Steuerpflichtigen —, andererseits der erzielten Erlöse (abzüglich der Verkaufskosten) zu ermitteln. Die durch das Steigen oder Fallen der Grundstückspreise bedingten Wertveränderungen während der Besitzzeit des Steuerpflichtigen müssen hiernach außer Betracht bleiben.

2) Bei Abschreibungen unsicherer (uneinbringlicher) Forderungen (Art. 31 H.-G.-B.'s) müssen dieselben mit ihrem vollen Sollbetrage in Einnahme gestellt werden.

Nr. 25.

Entscheidung des V. Senats vom 2. Oktober 1893 (Bd. II. S. 119).

Soweit der § 7 des Einkommensteuergesetzes von dem Einkommen aus Pachtungen spricht, bezieht sich dies nur auf den pachtweisen Betrieb der Landwirtschaft. Der Ertrag derjenigen Grundstücke, welche zu gewerblichen Betrieben benutzt werden, ist unter das Einkommen aus Gewerbebetrieb zu subsumieren.

Nr. 26.

Entscheidung des V. Senats, 1. Kammer, vom 23. November 1893 (Bd. II. S. 331).

Die Belastung des Kontokorrents steht dem Eingehen einer entsprechenden Schuldverbindlichkeit nicht gleich, bezw. läßt nicht ohne weiteres auf ein solches schließen.

Nr. 27.

Entscheidung des V. Senats, 1. Kammer, vom 24. Januar 1894 (Bd. II. S. 385).

Daraus, daß der Erblasser ein Grundstück zu Spekulationszwecken angekauft hatte, und dieses später seitens der Erben mit Vorteil verkauft ist, folgt keineswegs eine Spekulationsthätigkeit der Erben, welche als Spekulationseinkommen erzeugend in Betracht gezogen werden könnte.

Nr. 28.

Entscheidung des V. Senats, 1. Kammer, vom 10. Februar 1894 (Bd. II. S. 213).

Das in Art. 27 Nr. 4 Abs. 3 der Ausführungsanweisung zum Einkommensteuergesetz zugelassene Berechnungsverfahren darf erst angewendet werden, wenn die Abs. 2 ebendort erwähnte gesonderte Gewinnberechnung nicht thunlich ist.

d) Einkommen aus Gewinn bringender Beschäftigung und aus Rechten auf periodische Hebungen etc.

(Einzuschalten auf S. 94 des Ergänzungsbandes 1893.)

Nr. 16.

Entscheidung des V. Senats, 1. Kammer, vom 7. Juni 1893 (Bd. II. S. 45).

Die in Art. 16 I. Nr. 1 der Ausführungsanweisung enthaltene Bestimmung bezieht sich nur auf das Einkommen aus Gebäudebesitz und hat die Bedeutung, daß für Gebäude, die der Eigentümer durch Verwendung für irgend einen Erwerbszweig benutzt, nicht neben dem bei diesem erzielten Gewinn noch ein Einkommen aus Grundbesitz berechnet werden darf. Ein besonderes Einkommen aus den Gebäuden ist in solchen Fällen nicht vorhanden. Dagegen folgt aus § 15 des Einkommensteuergesetzes in Verbindung mit Art. 21 der Ausführungsanweisung, daß sich das Einkommen aus Gewinn bringender Beschäftigung, wie der Gewinn aus der Unterhaltung und Leitung einer Präparandenanstalt, infolge des Vorhandenseins der dazu erforderlichen Gebäude deshalb erhöht, weil alsdann für die anderweite Beschaffung derselben keine Kosten, wodurch der Reingewinn gemindert würde, aufzuwenden sind. Das Einkommen aus dem Gebäudebesitz kommt somit bei der Feststellung des Einkommens aus Gewinn bringender Beschäftigung indirekt in Anrechnung.

Nr. 17.

Entscheidung des V. Senats vom 25. September 1893 (Bd. II. S. 98).

1) Als steuerpflichtiges Einkommen eines Beamten gilt die gesamte demselben für seine Thätigkeit ausdrücklich oder stillschweigend zugesicherte oder thatsächlich gewährte Gegenleistung.

2) Auch außerordentliche Remunerationen sind steuerpflichtig, wenn sie sich als Entgelt, als Gegenleistung für die dienstliche Thätigkeit des Beamten, kennzeichnen.

Nr. 18.

Entscheidung des V. Senats vom 2. Oktober 1893 (Bd. II. S. 131).

1) Die Unkosten, welche einem Offizier durch die Beschaffung nnd Unterhaltung der Uniform und Ausrüstung, sowie das Halten der zum Dienst notwendigen Pferde, oder einem Beamten für die Beschaffung und Unterhaltung der Amtskleidung erwachsen, sind Kosten, die überhaupt zur Erfüllung der dienstlichen bezw. amtlichen Pflichten unvermeidlich sind. Die Vergütung für dergleichen Aufwendungen ist aber in dem Gehalte mit enthalten, das der Staat seinen Offizieren und Beamten gewährt. Gegen Zusicherung dieses Gehalts hat er die Offiziere nicht ohne Ausrüstung und ohne die erforderlichen Dienstpferde, die Beamten nicht ohne die angeordnete Amtstracht, angestellt. Mit der Anstellung haben sie vielmehr stillschweigend zugleich die Verpflichtung übernommen, ihrerseits für die Beschaffung der unentbehrlichen Ausstattung zu sorgen. Derartige Unkosten dürfen daher bei der Besteuerung von dem Einkommen nicht in Abzug gebracht werden.

2) Zu den bei der Besteuerung außer Ansatz zu lassenden Dienstaufwandsgeldern der Offiziere gehört nicht das „Kleiderzuschußgeld."

Nr. 19.

Entscheidung des V. Senats vom 16. Oktober 1893 (Bd. II. S. 138).

1) Die Burschenbedienung ist nicht als ein geldwerter, der Besteuerung im Einkommen des Offiziers unterworfener Bezug zu behandeln.

2) Die Offizieren in gewissen Chargen oder Stellen anstatt der Kommandierung eines Burschen gewährte Zulage zur Haltung eines Dieners (sog. Burschenzulage) ist steuerfrei.

Nr. 20.

Entscheidung des V. Senats vom 16. Oktober 1893 (Bd. II. S. 143).

Der einem Marineoffizier bestimmungsmäßig zustehende Serviszuschuß ist demselben als steuerpflichtiges Einkommen für die Zeit nicht anzurechnen, während welcher dieser Zuschuß wegen bestehenden „Kommandos an Bord“ gemäß marineministerieller Anordnung vom 24. April 1869 bezw. 17. Februar 1870 nicht gewährt wird.

Die Anrechnung wäre nur dann zulässig, wenn erweislich an Stelle des wegfallenden Zuschusses und als Ersatz der aus dem Serviszuschusse zu deckenden Aufwendungen dem Steuerpflichtigen anderweite Bezüge oder Vergünstigungen für die Dauer des Bordkommandos gewährt würden, was nicht der Fall ist.

Nr. 21.

Entscheidung des V. Senats vom 20. November 1893. (Bd. II. S. 157).

1) Die Anwendung der im § 10 des Einkommensteuergesetzes vorgeschriebenen Durchschnittsberechnung schwankender Einnahmen setzt immer eine im Wesentlichen bestehende Gleichartigkeit der Ertragsquelle voraus, wenn mit dem Durchschnitte der rückwärts liegenden Zeit vermöge der aufgestellten gesetzlichen Fiktion gerechnet werden soll.

2) Aendert ein Anwalt, dessen Einnahmen zweifellos zu den schwankenden gehören, seinen Wohnsitz, so muß zur Anwendung der Durchschnittsberechnung thatsächlich festgestellt werden, daß der Ortswechsel nicht geeignet gewesen ist, die Grundlagen der erwerbenden Thätigkeit des Censiten wesentlich zu verändern. In der Unterlassung dieser Feststellung liegt ein „wesentlicher Mangel des Verfahrens“ (§ 44 Nr. 2 des Einkommensteuergesetzes).

Nr. 22.

Entscheidung des V. Senats, 2. Kammer, vom 21. Dezember 1893 (Bd. II. S. 345).

1) Trinkgelder bilden als freiwillig geleistete Zuwendungen an und für sich kein steuerpflichtiges Einkommen.

2) Trinkgelder sind zu besteuern, wenn sie als Verdienst angesehen werden können. Dies ist der Fall, wenn die Beteiligten auf die Trinkgelder als Nebeneinnahmen neben dem Lohn oder statt desselben angewiesen sind, möge dies ausdrücklich bei Entstehung des Lohnvertrages zwischen dem Dienstherrn und dem Dienstnehmer ausgemacht, oder dem Herkommen entsprechend beiderseits so verstanden sein.

3) Die den Pferdebahnschaffnern gewährten Trinkgelder sind nicht zu besteuern, weil hier die unter Nr. 2 gedachten Voraussetzungen nicht vorliegen.

Nr. 23.

Entscheidung des V. Senats vom 5. Februar 1894 (Bd. II. S. 402).

1) Das Einkommen der Forstbeamten aus Dienstländereien ist, auch wenn für die letzteren ein Nutzungsgeld gezahlt wird, trotz Art. 21 Nr. 3 Abs. 2 der Ausführungsanweisung vom 5. August 1891, welche Bestimmung auf diesen Fall keine Anwendung findet, steuerpflichtig.

2) Die Nutzungen der Dienstländereien der Forstbeamten enthalten neben — aber doch erst nach Verbrauch — der in einer Summe gewährten etatsmäßigen Dienstaufwandsentschädigung noch die aushülfsweise Entschädigung für Aufwendungen für Dienstfuhrwerk mit. Die Nutzungen der Dienstländereien sind daher teilweise mit einem entsprechenden Betrage von der Besteuerung freizulassen.

Nr. 24.

Entscheidung des V. Senats vom 5. Februar 1894 (Bd. II. S. 408).

Nach dem Inhalt der Akten stand zur Zeit der Veranlagung nichts weiter fest, als daß die Diäten dem Gerichtsassessor N. als Hülfsrichter für die Zeit vom 1. April bis 15. Juli 1893 bewilligt waren, und es lag kein thatsächlicher Anhalt dafür vor, daß eine Bewilligung über den 15. Juli 1893 für den Ueberrest des Steuerjahres 1893/94 zu erwarten oder auch nur wahrscheinlich sei. Hiernach war zur Zeit der Veranlagung der für das Steuerjahr bekannte Betrag allein der $3^1/_2$fache Monatsbetrag der ursprünglich auf 180 Mk., sodann auf 200 Mk. festgesetzten Hülfsrichterdiäten und daher der Betrag von 630 Mk. oder 700 Mk. der Jahresbetrag des Einkommens aus Gewinn bringender Beschäftigung, nach welchem die festzusetzende Steuer zu bemessen war. Nach § 5 des Einkommensteuergesetzes unterliegt aber ein 900 Mk. nicht übersteigendes Jahreseinkommen überhaupt nicht der Steuerpflicht.

Nr. 25.

Entscheidung des V. Senats, 1. Kammer, vom 17. Februar 1894 (Bd. II. S. 410).

1) Steht zur Zeit der Veranlagung vollkommen und rechnungsmäßig nachweisbar fest, daß die Bezüge eines Censiten mit dem Eintritt eines bestimmten, in das Steuerjahr fallenden Termins aufhören, so kommen nur die bis zu diesem Termin aufzurechnenden Einnahmen in Betracht.

2) Bei der Veranlagung des Steuerpflichtigen müssen diejenigen Veränderungen an feststehenden Einnahmen, welche zwar erst im Laufe des Steuerjahres eintreten, aber schon vor der Veranlagung rechnungsmäßig nachgewiesen werden können, berücksichtigt werden, denn der zur Berechnung zu ziehende volle Betrag der Jahreseinnahme kann, wenn eine Verschiedenheit in den Ansätzen für einzelne Teile des Jahres im Voraus feststeht, nicht nach den im Anfange des Jahres einkommenden Bestandteilen bemessen werden. Das Prinzip muß demgemäß auch dann zur Geltung kommen, wenn die Verschiedenheit sich bis auf Null für einen Teil des Jahres steigert.

3) Wo einem Beamten „bis auf Weiteres" oder „einstweilen" Diäten zugesichert sind, fehlt es an einem vollkommenen und rechnungsmäßigen Nachweise des Fortfalls dieser Bezüge im Laufe des Steuerjahres. In einem solchen Falle erübrigt nur, mit dem bei der Veranlagung vorhandenen, als einem zur Zeit fortlaufenden Jahreseinkommen zu rechnen, vorbehaltlich des Rechts des Pflichtigen, gemäß § 58 des Einkommensteuergesetzes die Inabgangstellung der Steuer herbeizuführen, wenn die Einnahmequelle in Fortfall kommen sollte.

Nr. 26.

Entscheidung des V. Senats, 1. Kammer, vom 17. Februar 1894 (Bd. II. S. 427).

1) Um Steuerfreiheit für Aufwendungen aus dem Gehalt zu erlangen, die sich objektiv als Dienstaufwand darstellen, ist nicht die ausdrückliche Festsetzung eines rechnungsmäßig sofort erkennbaren Betrages oder Teiles des Einkommens als Dienstaufwandsentschädigung erforderlich; es muß aber einem, wenngleich nicht ziffermäßig oder anteilig festgesetzten Teile des Dienstbezuges doch der Charakter als Einkommen genommen und die Natur des Dienstaufwandes dadurch beigelegt sein, daß getroffener Vereinbarung gemäß das Diensteinkommen zugleich die Entschädigung für den Dienstaufwand enthalten soll (Art. 22 Nr. 3 der Ausführungsanweisung vom 5. August 1891).

2) Erfordern die Dienstobliegenheiten eines Rabbiners gewisse Aufwendungen für das Offenhalten eines Amtszimmers, ferner für Amtskleidung, unter Umständen auch für Bücher, so berechtigt ihn dies noch nicht, einen Teil seines Gehalts als Dienstaufwand in Abzug zu bringen, vielmehr wird im Allgemeinen davon auszugehen sein, daß jene Unkosten aus dem Gehalt zu bestreiten sind, welches aber zu dem Zweck gewährt wird, damit der Censit in die Lage kommt, den übernommenen Dienstpflichten zu genügen.

Nr. 27.

Entscheidung des V. Senats, 4. Kammer, vom 22. Februar 1894 (Bd. II. S. 438).

Die Einnahmen aus Tantiemen sind als schwankende gemäß § 10 des Einkommensteuergesetzes durchschnittlich zu berechnen.

Nr. 28.

Entscheidung des V. Senats vom 5. März 1894 (Bd. II. S. 448).

Wenn nach § 6 Nr. 1 des Einkommensteuergesetzes das Einkommen aus dem in anderen deutschen Bundesstaaten betriebenen Gewerben von der Besteuerung ausgeschlossen ist, so findet diese Bestimmung keine Anwendung auf das Einkommen eines in Preußen wohnenden und die preußische Staatsangehörigkeit besitzenden Arztes aus der in einem anderen Bundesstaate geübten Praxis.

e) Einkommen der Aktiengesellschaften etc.

(Einzuschalten auf S. 105 des Ergänzungsbandes 1893.)

Nr. 22.

Entscheidung des V. Senats, 1. Kammer, vom 27. Mai 1893 (Bd. II. S. 11).

1) Nach § 16 des Einkommensteuergesetzes gelten als steuerpflichtiges Einkommen der Aktiengesellschaften u. s. w. nicht die erzielten, sondern nur die zu den daselbst angegebenen Zwecken verwendeten Ueberschüsse. (Vergl. auch „Einkommen der Aktiengesellschaften ꝛc.“ Rechtsgrundsatz Nr. 14 S. 100 des Ergänzungsbandes 1893.)

2) Berggewerkschaften sind gemäß § 9 I. Nr. 5 und § 14 des Einkommensteuergesetzes berechtigt, bei Verringerung der Substanz entsprechende

Abschreibungen auch dann von dem steuerpflichtigen Einkommen in Abzug zu bringen, wenn eine bezügliche Abschreibung bei Aufstellung der Bilanz nicht erfolgt ist, sondern nachträglich nur zum Zwecke der Ermittelung des steuerpflichtigen Einkommens berechnet wird. (Vergl. „Einkommen aus Handel und Gewerbe einschließlich des Bergbaues." Rechtsgrundsatz Nr. 16 S. 86 des Ergänzungsbandes 1893.)

3) Für die Feststellung der steuerpflichtigen Ueberschüsse einer Gewerkschaft macht es für die Zulässigkeit an Abzügen auf Grund des § 9 I. des Einkommensteuergesetzes keinen Unterschied, ob die Gewerkschaft die zu dem im Gesetz angegebenen Zwecken erforderlichen Gelder aus den Betriebseinnahmen entnimmt, oder leiht oder von den Gewerken als Zubuße (§ 102 des Allg. Berggesetzes vom 24. Juni 1865) einzieht.

4) Das Grundkapital ist nach dem thatsächlich gezahlten Erwerbspreis sowie den thatsächlich aufgewendeten Kosten der Anlage und Einrichtung bezw. Erweiterung des Bergwerks zu berechnen. Frühere oder spätere Werte des Bergwerks sind nicht zu berücksichtigen (§ 16 des Einkommensteuergesetzes).

5) Mangels der Möglichkeit der Berechnung des Grundkapitals ist dasselbe zwecks Feststellung des Abzuges von $3^1/_2$ Prozent (§ 16 a. a. O.) zu schätzen.

Nr. 23.

Entscheidung des V. Senats, 1. Kammer, vom 31. Mai 1893 (Bd. II. S. 28).

Wenn eine eingetragene Genossenschaft, welche den Zweck verfolgt, ihren Mitgliedern Kredit zu gewähren, von Nichtmitgliedern Darlehne und Depositen annimmt, so erweitert sie damit nicht ihren Geschäftsbetrieb über den Kreis ihrer Mitglieder hinaus und ist deshalb nicht einkommensteuerpflichtig.

Nr. 24.

Entscheidung des V. Senats, 1. Kammer, vom 31. Mai 1893 (Bd. II. S. 32).

1) Der bei der Veranlagung des Einkommens einer Aktiengesellschaft nach § 16 des Einkommensteuergesetzes zu machende Abzug von $3^1/_2$ Prozent des Aktienkapitals darf nur von dem zur Zeit der Veranlagung eingezahlten Kapital berechnet werden. Wenn daher gemäß Art. 2 § 8 des Handelsgesetzbuches eine Herabsetzung des Aktienkapitals stattgefunden hat, so kommt der Umstand, daß das Aktienkapital ursprünglich höher gewesen ist, nicht in Betracht.

2) Nachzahlungen auf Aktien behufs Umwandlung derselben in Prioritätsaktien sind von dem Einkommen nicht in Abzug zu bringen (§ 9 des Einkommensteuergesetzes).

Nr. 25.

Entscheidung des V. Senats, 1. Kammer, vom 31. Mai 1893 (Bd. II. S. 37).

1) Der Agiogewinn ist dem steuerpflichtigen Einkommen einer Aktiengesellschaft hinzuzurechnen.

Die Dividende einer Aktiengesellschaft ist steuerpflichtig, so lange nicht nachgewiesen wird, daß sie aus Mitteln entnommen oder ergänzt ist, welche der Versteuerung nicht unterliegen. Der Anspruch auf nachträgliche Vornahme von Abschreibungen aber enthält die Behauptung, daß die Bilanz ordnungswidrig aufgestellt und unrichtig sei. Mit einem solchen Anführen kann die Steuerpflichtige nicht gehört werden.

Nr. 26.

Entscheidung des V. Senats, 1. Kammer, vom 10. Juni 1893 (Bd. II. S. 49).

Als steuerpflichtiges Einkommen der Aktiengesellschaften u. s. w. gelten nur die Ueberschüsse, welche in der im § 16 des Einkommensteuergesetzes angegebenen Weise Verwendung gefunden haben. Beträge, welche als Dividende verteilt, oder zur Bildung eines Reservefonds oder zur Tilgung der Schulden oder des Grundkapitals oder zur Verbesserung bezw. Geschäftserweiterung verwendet sind, und nicht aus den Ueberschüssen eines Geschäftsjahres herrühren, unterliegen nicht der Besteuerung.

Nr. 27.

Entscheidung des V. Senats, 1. Kammer, vom 27. September 1893 (Bd. II. S. 187).

1) Es hat der Satz, daß die bei der Ziehung des Durchschnitts in Betracht kommenden Jahre für die Berechnung des Einkommens eine Einheit bilden, so daß der Verlust des einen Jahres von den Gewinnen der anderen Jahre in Abzug gebracht wird, auch bei der Veranlagung nicht physischer Personen Anwendung zu finden, und ebenso ist bei dem Abzuge von $3\frac{1}{2}$ % des Grundkapitals einer Aktiengesellschaft mit diesem Abzugsposten auch in den Jahren zu rechnen, in denen überhaupt kein Ueberschuß vorhanden, sondern ein Verlust eingetreten ist. Der Abzug von $3\frac{1}{2}$ % ist also von dem Einnahmedurchschnitt der in Betracht kommenden Jahre zu machen.

2) Die gemäß Art. 217 des Handelsgesetzbuches den Aktionären gezahlten Zinsen von bestimmter, bedungener Höhe gehören zu dem steuerpflichtigen Einkommen der Aktiengesellschaft gemäß § 16 des Einkommensteuergesetzes.

3) Das in Preußen zu besteuernde Einkommen einer außerhalb Preußens domizilierten Versicherungsgesellschaft ist nach dem Verhältnis der in Preußen aufkommenden zu der gesamten Prämieneinnahme zu berechnen, insoweit sich eine anderweite Berechnung dieses Einkommens nicht ermöglichen läßt.

Nr. 28.

Entscheidung des V. Senats, 1. Kammer, vom 27. September 1893 (Bd. II. S. 205).

Hat eine Berggewerkschaft ihre Grubenfelder zur Ausbeutung verpachtet, so ist sie mit dem aus der Verpachtung erzielten Einkommen steuerpflichtig.

Nr. 29.

Entscheidung des V. Senats vom 2. Oktober 1893 (Bd. II. S. 119).

Bei der Veranlagung von juristischen Personen, Aktiengesellschaften u. s. w. zur Staatseinkommensteuer ist ein Zurückgehen auf die zum Zwecke der Kommunalbesteuerung aufgestellten Berechnungen unzulässig, da für die Berechnung des Einkommens zum Zwecke der Kommunalbesteuerung durch das Gesetz vom 27. Juli 1885 ganz andere Bestimmungen getroffen sind, als sie das Einkommensteuergesetz vom 24. Juni 1891 enthält.

Nr. 30.

Entscheidungen des V. Senats, 1. Kammer, vom 7. Oktober 1893 (Bd. II. S. 220), 7. Oktober 1893 (Bd. II. S. 229) und 24. Februar 1894 (Bd. II. S. 234).

Bei der Veranlagung einer Aktiengesellschaft für Rübenzuckerfabrikation zur Einkommensteuer ist zu untersuchen, ob die Bezüge der Rüben liefernden Aktionäre sich als eine Verteilung von Ueberschüssen der Gesellschaft an ihre Mitglieder (§ 16 des Einkommensteuergesetzes) oder als Verausgabung von Betriebskosten darstellen.

Die ersteren sind steuerpflichtig, die letzteren von dem steuerpflichtigen Einkommen abzuziehen. Abzugsfähig sind diejenigen Zahlungen der Gesellschaft an die Aktionäre für gelieferte Rüben, welche auf Grund eines zwischen der Gesellschaft und den Aktionären abgeschlossenem Kaufvertrages geleistet werden.

Liegt dagegen das Rechtsverhältnis so, daß der den Aktionären für gelieferte Rüben zu gewährende Preis einseitig von den Organen der Gesellschaft festgesetzt wird, so handelt es sich selbstverständlich nicht um eine kaufvertragsmäßige Ausgabe der Gesellschaft. Gleichwol ist es nicht angängig alles, was den Aktionären für die gelieferten Rüben geleistet worden, als verteilten Gewinn der Gesellschaft anzusehen. Vielmehr bezeichnet in einem solchen Falle der Marktpreis der Rüben denjenigen Betrag, welcher zur Bestreitung der Betriebskosten aufgewendet ist, nur das hierüber hinaus den Aktionären Gezahlte ist verteilter Ueberschuß und gemäß § 16 des Einkommensteuergesetzes steuerpflichtig.

Nr. 31.

Entscheidung des V. Senats, 1. Kammer, vom 11. Oktober 1893 (Bd. II. S. 250).

1) Die englische company limited by shares ist als Aktiengesellschaft einkommensteuerpflichtig.

2) Die preference und pre-preference shares erscheinen als Teile des Grundkapitals, sind also Aktien. Sind den Inhabern derselben bestimmte Erträge ihres Aktienbesitzes zugesichert, so sind das Aktienzinsen im Sinne des § 16 des Einkommensteuergesetzes.

3) Eine nachträgliche Ermittelung der Differenz zwischen dem verteilten Gewinn einer Aktiengesellschaft und dem angeblichen wirklichen Gewinn hat bei der Steuerveranlagung nicht stattzufinden.

Nr. 32.

Entscheidung des V. Senats, 1. Kammer, vom 11. Oktober 1893 (Bd. II. S. 261).

1) Prämien, welche eine eingetragene Genossenschaft (Konsumverein) an Nichtmitglieder für entnommene und bezahlte Waren zahlt, sind nicht steuerpflichtig.

2) Eine Geschäftserweiterung (§ 9 II. 1 des Einkommensteuergesetzes) als Wirkung der Rabattgewährung erscheint begrifflich ausgeschlossen.

Nr. 33.

Entscheidung des V. Senats, 1. Kammer, vom 25. Oktober 1893 (Bd. II. S. 276).

Die von einer bergbautreibenden Aktiengesellschaft gemachte bilanzmäßige Abschreibung zur Verwendung von Mitteln für Sicherung des unterirdischen

Betriebes, unter anderem zur demnächstigen Deckung der Anschaffungskosten für eine neue unterirdische Wasserhaltungsmaschine, stellt sich als eine steuerpflichtige Abschreibung zum Reservefonds (§ 16 des Einkommensteuergesetzes) dar.

Nr. 34.

Entscheidung des V. Senats, 1. Kammer, vom 28. Oktober 1893 (Bd. II. S. 280).

Die den persönlich haftenden Gesellschaftern einer Kommanditgesellschaft auf Aktien aus den Ueberschüssen gewährten Tantiemen sind gemäß § 16 des Einkommensteuergesetzes Art. 27 I a. der Ausführungsanweisung vom 5. August 1891 steuerpflichtig.

Nr. 35.

Entscheidung des V. Senats, 1. Kammer, vom 17. November 1893 (Bd. II. S. 317).

Weder in der Begründung, mit welcher der Entwurf des Einkommensteuergesetzes eingebracht ist, noch in den Verhandlungen beider Häuser des Landtages, findet sich irgend welche Stütze für eine Einschränkung des im Einkommensteuergesetze mehrfach gebrauchten Ausdrucks „Berggewerkschaften" auf solche des neueren Rechts. Daß das Einkommensteuergesetz vom 21. Juli 1891 auch die Gewerkschaften des älteren Rechts hat treffen wollen, wird von den Kommentatoren dieses Gesetzes durchweg anerkannt.

Nr. 36.

Entscheidung des V. Senats, 1. Kammer, vom 23. November 1893 (Bd. II. S. 324).

Jede Aktiengesellschaft, auch eine solche, welche die Geschäfte eines Konsumvereins mit nicht offenem Laden betreibt, ist gemäß § 1 Nr. 4 des Einkommensteuergesetzes steuerpflichtig. Als steuerpflichtiges Einkommen derselben gelten lediglich die im § 16 a. a. O. aufgeführten Verwendungen aus den Ueberschüssen.

Nr. 37.

Entscheidung des V. Senats, 1. Kammer, vom 23. November 1893 (Bd. II. S. 325).

1) Die von einer Aktiengesellschaft durch (nicht gewerbsmäßige und nicht zu Spekulationszwecken erfolgte) Veräußerung eines Grundstücks erzielte Einnahme ist steuerpflichtig, wenn sie

1) zur Bildung von Reservefonds verwendet ist, und
2) aus den Ueberschüssen herstammt.

2) Mit Rücksicht auf die wirtschaftliche Natur der Aktiengesellschaft erscheint jeder Gewinn, den sie durch irgend welches Rechtsgeschäft erzielt, soweit er nicht durch Verwendung zum Zweck der Erzielung des Gewinnes aufgewogen wird, als Ueberschuß.

3) Ein Stammvermögen der Aktiengesellschaft, das größer als das Aktienkapital ist, giebt es nicht; was sich mehr vorfindet, ist nach der negativen Seite hin keinesfalls Vermehrung des Stammvermögens, wird also vom § 8 des Einkommensteuergesetzes (außerordentliche Einnahmen pp.) nicht berührt, sondern vielmehr — positiv ausgedrückt — im Sinne des § 16 a. a. O. „Ueberschuß", also bei entsprechender Verwendung steuerpflichtig.

Nr. 38.

Entscheidung des V. Senats, 1. Kammer, vom 10. Januar 1894 (Bd. II. S. 352).

Wenn die Vornahme einer Abschreibung die Form bildet, unter der ein Zurückhalten von Teilen des Betriebsgewinnes mit der Wirkung einer Vermögensvermehrung erfolgt, steht sie sachlich vollkommen der Bildung eines Reservefonds (§ 16 des Einkommensteuergesetzes) gleich.

Nr. 39.

Entscheidung des V. Senats, 1. Kammer, vom 10. Januar 1894 (Bd. II. S. 360).

Bei der Berechnung des steuerpflichtigen Einkommens einer eingetragenen Genossenschaft ist der Abzug von $3^1/_2$ % der eingezahlten Geschäftsanteile (§ 16 des Einkommensteuergesetzes) von den Veranlagungsbehörden auch dann zu machen, wenn in der Steuererklärung seitens der Zensiten das Abzugsrecht nicht berücksichtigt ist.

Nr. 40.

Entscheidung des V. Senats, 1. Kammer, vom 24. Januar 1894 (Bd. II. S. 368).

1) Das Kreditnehmen seitens eines Vorschußvereins (eingetragene Genossenschaft) in der Form der Annahme verzinslicher Spareinlagen von Nichtmitgliedern stellt an sich kein Hinausgehen über den Kreis der Mitglieder im Sinne des § 1 No. 4 des Einkommensteuergesetzes dar. Ein Hinausgehen des Geschäftsbetriebes über den Kreis der Mitglieder kann erst dann angenommen werden, wenn die Annahme von Spareinlagen in einem bedeutenderen Umfange erfolgt, als die Beschaffung des erforderlichen Betriebskapitals und das Kreditbedürfnis der Mitglieder es erheischt.

2) Die Vermittelung von An- und Verkäufen von Wertpapieren für Mitglieder eines Vorschußvereins stellt ein Hinausgehen über den Kreis der Mitglieder nicht dar, ebensowenig der Ankauf von Wertpapieren zur Anlage des Reservefonds oder zur zeitweiligen Unterbringung.

3) Tritt die Genossenschaft mit andern Genossenschaften zum Zweck der Besorgung des gegenseitigen Inkassos in Verkehr und hält sich letzterer in den Grenzen der kostenlosen gegenseitigen Hülfeleistung, so ist hierin ebenfalls ein Hinausgehen des Geschäftsbetriebes über den Kreis der Mitglieder nicht zu sehen.

Nr. 41.

Entscheidung des V. Senats, 1. Kammer, vom 31. Januar 1894 (Bd. II. S. 389).

Ausgaben einer Gewerkschaft zum Zweck der Konvertierung einer Anleihe sind gemäß § 16 des Einkommensteuergesetzes zu besteuern, wenn sie einerseits den Ueberschüssen entnommen sind, andererseits zur Tilgung von Schulden oder zur Verbesserung Verwendung gefunden haben. Die erste Voraussetzung trifft dann nicht zu, wenn die Ausgabe aus dem für die Konvertierung aufgenommenen Bankkredit gedeckt ist.

Nr. 42.

Entscheidung des V. **Senats,** I. **Kammer, vom 10. Februar 1894** (Bd. II. S. 416).

1) Nachdem steuerlich die Genossenschaft als solche ein besonderes Vermögenssubjekt bildet, ist sie der ausschließliche Unternehmer und Gewerbtreibende und nicht die Gesamtheit oder jeder einzelne der Genossen. Die Genossenschaft als solche arbeitet nicht selbst, sondern mit fremden Kräften, welche letztere wiederum in dem Betriebe eines anderen thätig sind, gleichviel ob die Arbeiter und Gewerbegehülfen zugleich Mitglieder sind oder nicht. Gewiß wird einer Aktiengesellschaft der Abzug von Zahlungen an solche Arbeiter nicht versagt werden, die zugleich Inhaber von Aktien, also Mitglieder der Gesellschaft sind. Dasselbe gilt von eingetragenen Genossenschaften, deren steuerliche Lage dadurch keine ungünstige werden kann, daß ihre bezahlten Arbeiter Genossen sind.

2) Derjenige Aufwand, der erforderlich war oder gewesen wäre, um statt der bei Erzeugung des Steuerobjektes mitthätigen Genossen fremde Arbeitskräfte einzustellen, ist als Betriebsausgabe steuerfrei; was darüber hinausgeht, mag als verteilter Gewinn gelten. Die Höhe des zwischen der Genossenschaft und den mitarbeitenden Genossen vereinbarten Arbeitslohnes ist nicht entscheidend.

Nr. 43.

Entscheidung des V. **Senats, 1. Kammer, vom 17. Februar 1894** (Bd. II. S. 431).

1) In Betreff der Beträge, welche in den Bilanzen als „rückständige ausgelooste Schuldscheine" auf Anleihe-Tilgungskonto unter den Passivis gebucht stehen, ist die Sachlage dahin klargestellt, daß es sich um fällig gewordene, nicht abgehobene Anleihebeträge, mithin um bestehende Schulden handelt; der Fall einer Verwendung zur Schuldentilgung (§ 16 des Einkommensteuergesetzes) liegt also nicht vor.

2) Für die Aufstellung der Bilanz einer Aktiengesellschaft sind die in dem Art. 31, 185a, 239b des Handelsgesetzbuchs gegebenen Vorschriften zu berücksichtigen.

II.

Abzugsfähige Ausgaben.

(Einzuschalten auf S. 111 des Ergänzungsbandes 1893.)

Nr. 20.

Entscheidung des V. Senats, 1. Kammer, vom 27. Mai 1893 (Bd. II. S. 11).

Soll gemäß § 9 I Nr. 5 von dem Einkommen aus Bergbau eine Abschreibung für Substanzverringerung in Abzug gebracht werden, so darf für letztere nicht ein beliebiger Prozentsatz des Wertes des Bergwerks abgesetzt werden, sondern es ist diejenige Verminderung der vorhanden gewesenen Mineralwasser, welche durch den Betrieb des Bergwerks während einer Betriebsperiode stattgefunden hat, festzustellen und hiernach die von dem steuerpflichtigen Einkommen abziehbare Summe zu berechnen. (Vgl. auch Entsch. v. 10. Juni 1893 — Bd. II. S. 49.)

Nr. 21.

Entscheidung des V. Senats, 1. Kammer, vom 31. Mai 1893 (Bd. II. S. 37).

1) Diejenigen Abschreibungen, wodurch nicht eine Absetzung für eingetretene Wertverminderung realisiert, sondern eine Rücklage für künftige, wenngleich zur Aufrechterhaltung des Betriebes in dem bisherigen Umfange bestimmte Ausgaben beschafft wird, sind steuerlich unstatthaft (§ 9 des Einkommensteuergesetzes).

2) Außerordentliche Abschreibungen (Art. 27 Nr. 2 Abs. 5 der Ausführungsanweisung) sind dem steuerpflichtigen Einkommen hinzuzurechnen.

Nr. 22.

Entscheidung des V. Senats, 1. Kammer, vom 14. Juni 1893 (Bd. II. S. 54).

Beiträge, welche eine Aktiengesellschaft an den Ausstandsversicherungsverband leistet, sind von dem steuerpflichtigen Einkommen in Abzug zu bringen, da selbst, wenn dieselben den Ueberschüssen entnommen sind, keiner der im § 16 des Einkommensteuergesetzes aufgeführten Verwendungszwecke auf sie Anwendung findet.

Nr. 23.

Entscheidung des V. Senats, 1. Kammer, vom 14. Juni 1893 (Bd. II. S. 58).

1) Die Bestimmung in Art. 16 der Ausführungsanweisung vom 5. August 1891 (in der durch die Cirkularverfügung vom 18. Oktober 1892, II. 12927, veränderten Fassung), betreffend die bei Berechnung des steuerpflichtigen Einkommens aus vermieteten Gebäuden zuzulassenden Abzüge von Jahresmietszinsen, steht mit den Vorschriften in § 9 I. 5 und § 13 Abs. 2 des Einkommensteuergesetzes im Einklange.

2) Zulässig sind nach § 9 I. 5 des Einkommensteuergesetzes nur Absetzungen für Abnutzung des Gebäudes in rein baulicher Beziehung. Andere Wertverminderungen des Mietshauses kommen nicht in Betracht.

Nr. 24.

Entscheidung des V. Senats, 1. Kammer, vom 17. Juni 1893 (Bd. II. S. 73).

1) Prämien für andere, als die im § 9 Nr. 7 des Einkommensteuergesetzes aufgeführten Versicherungen — z. B. Prämien für Kapitalversicherungen — dürfen von dem steuerpflichtigen Einkommen nicht in Abzug gebracht werden.

2) Nach § 9 des Einkommensteuergesetzes ist es nicht zulässig, daß ein Beamter Ausgaben für Anschaffung von Büchern der Fachlitteratur von seinem Diensteinkommen in Abzug bringt.

Nr. 25.

Entscheidung des V. Senats, 4. Kammer, vom 22. Juni 1893 (Bd. II. S. 77).

Pferdebahn- und Omnibusfahrgelder u. s. w., welche zur Erreichung der von der Wohnung getrennt liegenden Geschäfts- oder Arbeitsstelle aufgewendet werden, sind nach § 9 I No. 1 des Einkommensteuergesetzes von dem steuerpflichtigen Einkommen nicht in Abzug zu bringen.

Nr. 26.

Entscheidung des V. Senats vom 25. September 1893 (Bd. II. S. 82).

1) Die einem Referendar zum standesgemäßen Unterhalte gewährten Zuwendungen sind gemäß § 9 I Nr. 3 des Einkommensteuergesetzes von dem steuerpflichtigen Einkommen in Abzug zu bringen, wenn diese Leistungen auf einem „besonderen" Rechtstitel beruhen.

2) Zuwendungen dieser Art, welche lediglich auf Grund der gesetzlichen Unterhaltungspflicht (§ 64 II 2 A. L.-R's.) gewährt werden, sind nicht abzugsfähig.

3) Ob durch die Ausstellung und Ausantwortung des vor der Ernennung zum Referendar seitens des Rechtskandidaten dem Präsidenten des Oberlandsgerichts einzureichenden Reverses über die Gewährleistung standesgemäßen Unterhalts für den ersteren auf die Dauer von fünf Jahren zwischen dem Aussteller und dem Rechtskandidaten ein gültiger Rechtstitel geschaffen ist, ist Thatfrage.

Der Gedanke an ein zwischen dem Aussteller des Reverses und dem Präsidenten des Oberlandesgerichts begründetes Vertragsverhältnis ist auszuscheiden.

Nr. 27.

Entscheidung des V. Senats vom 25. September 1893 (Bd. II. S. 86).

1) Die von einem Vater seinem als Posteleven beschäftigten Sohne gewährten Zulagen dürfen von dem steuerpflichtigen Einkommen des Vaters nicht in Abzug gebracht werden, es sei denn, daß dergleichen Zulagen auf einem „besonderen" Rechstitel beruhen. Die im § 8 des Postreglements vom 23. Mai 1871 (Ministerialblatt der inneren Verwaltung S. 216) enthaltene Vorschrift, wonach der Posteleve der Regel nach im Stande sein soll, sich während seiner Ausbildungszeit aus eigenen Mitteln zu unterhalten, kann als ein „besonderer" Rechstitel nicht angesehen werden.

2) Zulagen, welche ein Fähnrich infolge einer entsprechenden von seinem Vater dem Regimentskommandeur gegenüber abgegebenen, auch nur mündlichen Erklärung bezieht, sind von dem Einkommen des Vaters in Abzug zu bringen, da eine solche Zusage einen besonderen Rechtstitel im Sinne des § 9 I 3 des Einkommensteuergesetzes darstellt.

Nr. 28.

Entscheidung des V. Senats, 1. Kammer, vom 27. September 1893 (Bd. II. S. 200).

1) Den nach § 9 I 5 des Einkommensteuergesetzes zulässigen Abschreibungen wegen Verringerung der Substanz u. s. w., steht der Umstand nicht entgegen,

daß die Gewerkschaften, für welche die für Aktiengesellschaften bestehenden handelsgesetzlichen Vorschriften über die Bilanzaufstellung nicht gelten, jene Abzüge buchmäßig nicht bewirkt und ohne irgendwelche Rücksicht auf solche Abzüge die Ausbeuten erteilt haben.

2) Voraussetzung der Berücksichtigung der Substanzverringerung ist, daß der Gewerkschaft das Bergwerkseigentum an dem Felde zusteht. Bezüglich derjenigen Felder, welche von anderen Gewerkschaften, denen sie gehören, der Steuerpflichtigen pachtweise überlassen sind, kann nur für jene anderen Gewerkschaften, aber in keinem Falle für die Steuerpflichtige eine Absetzung wegen Substanzverlustes in Frage kommen.

Nr. 29.

Entscheidung des V. Senats vom 2. Oktober 1893 (Bd. II. S. 107).

Nach § 9 I 2 Abs. 2 des Einkommensteuergesetzes sind im Falle der gemäß § 2 ohne Rücksicht auf Staatsangehörigkeit, Wohnsitz oder Aufenthalt erfolgenden Besteuerung des Einkommens aus preußischem Grundbesitz — soweit es sich um Schuldenzinsen handelt — nur abzugsfähig die Zinsen solcher Schulden, die auf dieser inländischen Einkommensquelle haften oder für deren Erwerb aufgenommen sind. In Artikel 24 Nr. 5 Abs. 2 der Ausführungsanweisung vom 5. August 1891 wird hierzu bemerkt: „Die Abrechnung wird nicht schon dadurch begründet, daß eine persönliche verzinsliche Schuld des Steuerpflichtigen zur Sicherstellung als Hypothek der Grundschuld im Grundbuche des preußischen Grundstücks eingetragen ist, dieses also rechtlich für Schuld und Zinsen haftet; vielmehr müssen Schuld und Zinsen in wirklichem wirtschaftlichem Zusammenhange mit der inländischen Einkommensquelle stehen."

Entgegen dieser Ausführungsbestimmung erklärt das Oberverwaltungsgericht die Zinsen jeder in dem Grundbuche des fraglichen preußischen Grundstücks eingetragenen Schuld auf Grund und lediglich infolge der Eintragung für abzugsfähig, unabhängig davon, worauf der Ursprung der Schuld zurückzuführen ist.

Nr. 30.

Entscheidung des V. Senats vom 2. Oktober 1893 (Bd. II. S. 117).

Zulagen, welche einem Offizieraspiranten infolge einer entsprechenden von seinem Vater dem Regimentskommandeur gegenüber abgegebenen Erklärung zu gewähren, sind von dem Einkommen des Vaters gemäß § 9 I 3 des Einkommensteuergesetzes in Abzug zu bringen. Ist jedoch zur Zeit der Steuerveranlagung der Eintritt der Verpflichtung des Vaters zur Gewährung der Zulage noch von einer Bedingung abhängig, so findet dieserhalb ein Abzug von dem steuerpflichtigen Einkommen nicht statt.

Nr. 31.

Entscheidung des V. Senats, 1. Kammer, vom 25. Oktober 1893 (Bd. II. S. 272).

Hat ein Steuerpflichtiger Hölzer aus seinem Walde zu Neubauten auf seinen Gütern verwendet, so ist hierin eine Verbesserung des Vermögens

(§ 9 II 1 des Einkommensteuergesetzes) zu sehen, der Wert der verwendeten Hölzer also von dem steuerpflichtigen Einkommen nicht abzuziehen.

Nr. 32.

Entscheidung des V. **Senats, 1. Kammer, vom 28. Oktober** 1893 (Bd. II. S. 356).

Ob eine Aufwendung zur Erwerbung, Sicherung und Erhaltung des Einkommens dient oder zur Verbesserung und Vermehrung des Vermögens gemacht worden, ist Thatfrage und daher gemäß § 44 des Einkommensteuergesetzes in der Beschwerdeinstanz nicht nachzuprüfen.

Nr. 33.

Entscheidung des V. **Senats, 2. Kammer, vom 30. Oktober** 1893 (Bd. II. S. 294).

Rückständige Schuldenzinsen aus den dem Steuerjahre vorangehenden Jahren sind nicht abzugsfähig (§ 9 I 2 des Einkommensteuergesetzes).

Nr. 34.

Entscheidung des V. **Senats, 2. Kammer, vom 9. November** 1893 Bd. II. S. 304).

Die Kosten für die Haltung eines Dienstmädchens sind Ausgaben zur Bestreitung des Haushalts und als solche gemäß § 9 II 2 des Einkommensteuergesetzes auch dann nicht abzugsfähig, wenn sie aufgewendet werden, weil die Ehefrau des Censiten infolge ihres Berufes (als Hebeamme) zur Führung des Haushalts nicht in der Lage ist. Unzutreffend ist es auch, diese Kosten als Ausgaben zur Erwerbung, Sicherung oder Erhaltung des Einkommens der Ehefrau anzusehen.

Nr. 35.

Entscheidung des V. **Senats, 4. Kammer, vom 9. November** 1893 (Bd. II. S. 306) **und Entscheidung des** V. **Senats, 1. Kammer, vom 30. September** 1893 (Bd. II. S. 308).

Was die Eigentümer von Grundstücken, welche von der Schlesischen Landschaft oder dem Kur- und Neumärkischen ritterschaftlichen Kreditinstitut beliehen sind, über den eigentlichen Zinssatz hinaus an das Kreditinstitut zur Amortisierung der Pfandbriefschuld zahlen, ist nach § 9 I 2 des Einkommensteuergesetzes von dem steuerpflichtigen Einkommen nicht abzuziehen.

Nr. 36.

Entscheidung des V. **Senats, 1. Kammer, vom 17. November** 1893 (Bd. II. S. 312).

Nach den §§ 64, 65, 251 ff. II 2 A. L.-R.'s ist die gesetzliche Alimentationspflicht der Mutter den Kindern gegenüber nur eine subsidiäre. Hat daher der verstorbene Ehemann der Ehegattin den Nießbrauch an den Erbteilen der Kinder vermacht mit der Maßgabe, daß die Ehegattin zum standesgemäßen Unterhalt der gemeinschaftlichen Kinder verpflichtet sein soll, so tritt die gesetzliche Alimentationspflicht der Mutter nicht in Wirksamkeit, die Aufwendungen zum Unterhalt der Kinder sind als auf besonderen Rechtstitel beruhende dauernde Lasten gemäß § 9 I 6 des Einkommensteuergesetzes von dem Einkommen der Mutter in Abzug zu bringen. Ueberdies vermindert sich der Nießbrauch an den Erbteilen der Kinder durch die mit demselben verbundene Pflicht zur Unterhaltung der letzteren und damit das Einkommen der Mutter ohnehin.

Nr. 37.

Entscheidung des V. Senats, 1. Kammer, vom 24. Januar 1894 (Bd. II. S. 380).

1) Die auf Grund von Ablösungsrezessen an eine Rentenbank zu zahlenden Renten sind gemäß § 9 I 3 des Einkommensteuergesetzes von dem Einkommen in Abzug zu bringen.

2) Wird bei Feststellung des Einkommens die Durchschnittsberechnung angewendet, so dürfen nur die Verhältnisse der dieser Berechnung zu Grunde gelegten Wirtschaftsjahre berücksichtigt werden, eine Rücksichtnahme auf die Verhältnisse etwa des kommenden Steuerjahres ist unzulässig.

Nr. 38.

Entscheidung des V. Senats, 1. Kammer, vom 24. Januar 1894 (Bd. II. S. 383).

Provisionszinsen, welche für die Gewährung oder Vermittlung von Darlehen bezw. als Vergütung für die damit verbundenen Unkosten, Stempel u. s. w. zu zahlen sind, dürfen nicht als Schuldenzinsen von dem steuerpflichtigem Einkommen in Abzug gebracht werden.

Nr. 39.

Entscheidung des V. Senats, 1. Kammer, vom 31. Januar 1894 (Bd. II. S. 391).

1) Die Verpflichtung der Pächter zur Instandhaltung eines Mühlenwerkes verbietet auf Seiten des Verpächters den Abzug von Reparaturkosten; sie verbietet dagegen nicht auch die Absetzung eines angemessenen Betrages für Abnutzung der — wenn schon durch Reparaturen betriebsfähig erhaltenen — Inventarienstücke. Die Berechtigung einer solchen Unterscheidung ergibt sich deutlich aus § 9 I Nr. 1 und 5 des Einkommensteuergesetzes.

2) Eine bestehende Verpflichtung der Pächter, unbrauchbar gewordene Teile des Werks durch auf ihre Kosten neu zu beschaffende zu ersetzen, ist von wesentlichem Einfluß auf den Umfang des vom Censiten für Abnutzung — nur diese, nicht auch eine durch Veralten der Konstruktion, Sinken der Metallpreise oder dergl. eintretende Wertverminderung darf in Abrechnung kommen — zulässiger Weise zu machenden Abzuges, wenn zufolge des bestehenden Vertragsverhältnisses die von den Pächtern neu beschafften Gegenstände dem Verpächter zum Eigentum anheimfallen. Daneben bleibt, auch wenn diese Voraussetzung zutrifft, jedenfalls ein Anspruch des Verpächters auf sachgemäße Absetzung für Abnutzung derjenigen Teile des Mühlenwerks bestehen, von welchem anzunehmen ist, daß der Fall ihrer notwendigen Neubeschaffung während der vertragsmäßigen Pachtzeit überhaupt nicht eintreten wird.

Nr. 40.

Entscheidung des V. Senats, 3. Kammer, vom 13. März 1894 (Bd. II. S. 453).

Ausgaben für Badekuren fallen nicht unter die in § 9 I 1 des Einkommensteuergesetzes gedachten abzugsfähigen Ausgaben.

Nr. 41.

Entscheidung des V. Senats vom 19. März 1894 (Bd. II. S. 455).

Der von einem Steuerpflichtigen seinem Sohne, einem Regierungs-Referendar, gewährte standesgemäße Unterhalt ist von dem steuerpflichtigen Einkommen nicht in Abzug zu bringen (§ 9 I 3 des Einkommensteuergesetzes).

III.

Berücksichtigung der persönlichen Leistungsfähigkeit.

(Einzuschalten auf S. 112 des Ergänzungsbandes 1893.)

Nr. 4.

Entscheidung des V. Senats, 2. Kammer, vom 29. Juni 1893 (Bd. II. S. 167).

1) Ob Verhältnisse, welche nach § 19 des Einkommensteuergesetzes eine Ermäßigung des Steuersatzes zulassen, vorliegen, ist Thatfrage. Eine Nachprüfung dieser Frage in der Beschwerdeinstanz ist unzulässig.

2) Die Verpflichtung zur Alimentierung eines außerehelichen Kindes berechtigt nicht zu Abzügen vom Einkommen gemäß § 9 des Einkommensteuergesetzes.

Nr. 5.

Entscheidung des V. Senats vom 16. Oktober 1893 (Bd. II. S. 146).

Die in den §§ 18 und 19 des Einkommensteuergesetzes vorgesehene Ermäßigung der Steuersätze darf im Falle der Besteuerung aus § 2 des Gesetzes nicht eintreten.

Nr. 6.

Entscheidung des V. Senats, 1. Kammer, vom 29. November 1893 (Bd. II. S. 337).

Liegen die Verhältnisse des Zensiten so, daß sie die Anwendung des § 19 des Einkommensteuergesetzes (Ermäßigung der Steuersätze) rechtfertigen, so muß dem gefundenen Thatbestande auch Rechnung getragen werden. Die zu diesen Ergebnissen drängende Sachlage wird durch anderem Gebiete angehörige Erwägungen nicht beseitigt, auch dadurch nicht, daß der Zensit eine für die Veranlagung wesentliche Thatsache verschwiegen hat.

Nr. 7.

Entscheidung des V. Senats, 4. Kammer, vom 15. Februar 1894 (Bd. II. S. 425).

Der § 18 des Einkommensteuergesetzes vom 24. Juni 1891 knüpfte an die Zulässigkeit bezw. Notwendigkeit des Abzuges von 50 Mk. für jedes nicht selbständig zu veranlagende Familienmitglied unter 14 Jahren nicht die Voraussetzung, daß eine Erziehungspflicht besteht, oder daß anderen, denen diese obliegt, das Kind nicht überlassen werden kann. Es hat daher ein Steuerpflichtiger für einen in seinem Haushalte lebenden Enkel unter 14 Jahren auf den im § 18 a. a. O. gedachten Abzug vom steuerpflichtigen Einkommen auch dann Anspruch, wenn die Eltern des Kindes noch am Leben und es zu unterhalten fähig sind.

IV.

Steuerveranlagung und Beanstandungsverfahren.

(Einzuschalten auf S. 118 des Ergänzungsbandes 1893.)

Nr. 19.

Entscheidung des V. Senats, 1. Kammer, vom 27. Mai 1893 (Bd. II. S. 6).

Die Erklärung eines Steuerpflichtigen, daß gewisse angeblich zur Beurteilung seines Einkommens geeignete Urkunden sich in Gewahrsam einer Behörde befinden, ist als ein ausreichender und zu berücksichtigender Beweisantritt anzusehen.

Nr. 20.

Entscheidung des V. Senats, 1. Kammer, vom 7. Juni 1893 (Bd. II. S. 7).

1) Beruft sich ein Steuerpflichtiger z. B. ein Landwirt zum Beweise seines Einkommens auf seine Wirtschaftsbücher, so darf sich die Berufungskommission der Einsichtnahme von denselben nicht entziehen.

2) Der bei der Feststellung des steuerpflichtigen Einkommens in Einnahme zu stellende Wert der im Haushalte eines Landwirts verbrauchten landwirtschaftlichen Erzeugnisse (Art. 11 Nr. I 2 der Ausführungsanweisung) muß, falls er sich nicht ziffermäßig nachweisen läßt, geschätzt werden.

Nr. 21.

Entscheidung des V. Senats, 1. Kammer, vom 14. Juni 1893 (Bd. II. S. 65).

Wird eine Steuererklärung durch die Veranlagungskommission oder den Vorsitzenden beanstandet, so ist gemäß § 38 des Einkommensteuergesetzes der Steuerpflichtige zur Erklärung aufzufordern. Ohne eine solche Aufforderung zur Erklärung darf eine von der Steuererklärung abweichende Veranlagung nicht stattfinden. Ein Verstoß gegen diesen Grundsatz stellt sich als ein wesentlicher Mangel des Verfahrens (§ 44 des Einkommensteuergesetzes) dar.

Nr. 22.

Entscheidung des V. Senats, 1. Kammer, vom 21. Juni 1893 (Bd. II. S. 74).

Der Besitz zinsentragender Kapitalien darf für die Steuerveranlagung nur dann angenommen werden, wenn diese Annahme durch bestimmte thatsächliche Umstände gerechtfertigt wird. Der Umstand allein, daß der Steuerpflichtige in einem früheren Steuerjahre mit einem Einkommen aus Kapitalvermögen zur Steuer veranlagt gewesen ist, berechtigt noch nicht zu einer gleichen Veranlagung in einem späteren Steuerjahr.

Nr. 23.

Entscheidung des V. Senats, 1. Kammer, vom 27. September 1893 (Bd. II. S. 176).

Die Veranlagungsbehörden haben bei Feststellung des steuerpflichtigen Einkommens das eigene Ermitteln und Ermessen walten zu lassen. Ein Zurückgehen auf frühere Feststellungen des Einkommens ohne jedwede selbsteigene Prüfung und Ermittelung ist auch bei Anwendung der Durchschnittsberechnung des Einkommens aus verschiedenen Jahren unzulässig.

Nr. 24.

Entscheidung des V. Senats, 1. Kammer, vom 27. September 1893 (Bd. II. S. 194).

1) Die Berufungskommission ist bei der von ihr für nötig befundenen Vernehmung von Sachverständigen bezüglich der Auswahl der anzugehörenden Personen an die Anträge der Steuerpflichtigen nicht gebunden, auch nicht verpflichtet, dem letzteren die gutachtlichen Aeußerungen des Sachverständigen zur Gegenerklärung mitzuteilen.

2) Die Veranlagungsbehörden haben gegenüber dem Steuerpflichtigen nicht die Beweislast, vielmehr hat letzterer bei Einlegung eines Rechtsmittels die dasselbe begründenden Thatsachen darzuthun.

Nr. 25.

Entscheidung des V. Senats, 1. Kammer, vom 27. September 1893 (Bd. II. S. 200).

Dem Steuerpflichtigen liegt es ob, für zu machende Abschreibungen das thatsächliche Material zu beschaffen und die erforderlichen Beweise für seine Behauptungen zu erbringen.

Nr. 26.

Entscheidung des V. Senats, 1. Kammer, vom 30. September 1893 (Bd. II. S. 207).

Das Beanstandungsverfahren (§ 38 des Einkommensteuergesetzes) hat auch stattzufinden bei unrichtiger Anwendung des Gesetzes oder der Ausführungsbestimmungen seitens des Censiten.

Nr. 27.

Entscheidung des V. Senats, 1. Kammer, vom 30. September 1893 (Bd. II S. 207).

Bei einer Steuerveranlagung gemäß Art. 27 Nr. 4 Abs. 3 der Ausführungsanweisung vom 5. August 1891 ist so zu verfahren, daß zunächst der Gesamtgewinn festgestellt wird, und hierauf die dann auf Preußen fallende Quote nach den aus den thatsächlichen Betriebsverhältnissen der Gesellschaft sich ergebenden, für die Gewinnerzielung vornehmlich maßgebenden Merkmalen bestimmt wird. Bietet sich für diese Bestimmung nach Lage des Falles nur der Weg der Schätzung dar, so ist nicht außer Acht zu lassen, daß der Censit die für erforderlich erachteten thatsächlichen Unterlagen zu liefern verbunden, ihm andererseits aber dazu in einem Beanstandungsverfahren Gelegenheit zu geben ist.

Nr. 28.

Entscheidung des V. Senats, 1. Kammer, vom 28. Oktober 1893 (Bd. II. S. 280).

1) In dem § 80 des Einkommensteuergesetzes ist die Verpflichtung der Steuerpflichtigen, welche zu einer ihrem wirklichen Einkommen nicht entsprechenden niedrigeren Steuerstufe veranlagt sind, zur Entrichtung des der Staatskasse entzogenen Betrages festgesetzt, ohne daß eine Unterscheidung oder Einschränkung zu Gunsten solcher Censiten gemacht ist, gegen die der an sich mögliche Weg der Rechtsmittel nicht beschritten worden. Auch die Motive zum § 80 enthalten nichts, was zu einer einschränkenden Auslegung in jenem Sinne führen könnte. Bei dieser Sachlage und, da die Ausführungsanweisung in Abs. 1 des Art. 85 darauf hinweist, daß die Vorschrift im § 80 des Einkommensteuergesetzes dem Wortlaut nach auf Fälle der hier vorliegenden Art unbeschränkte Anwendung findet, bleibt, sofern es sich, wie hier, um die Entscheidung über das Recht auf die Nachsteuer handelt, nur die Gesetzbestimmung im § 80 maßgebend; den Vorschriften der Ausführungsanweisung in Abs. 2, 3 und 4 des Art. 85 kann nur eine instruktionelle Bedeutung beigemessen werden. Somit gelangt man dazu, daß eine die Nachsteuer ausschließende Rechtskraft der Veranlagung — abgesehen von der Verjährung der Steuerpflicht — dem Staate gegenüber nicht besteht. Er hat ein gesetzliches Recht auf die dem wirklichen Einkommen entsprechende Steuer. Steht objektiv fest, daß die Veranlagung zu einer zu niedrigen Stufe stattgefunden hat, so geht das Recht der Nachforderung auch dann nicht verloren, wenn eine Berichtigung der Steuerfestsetzung im Rechtsmittelwege erreichbar war, aber nicht versucht ist.

2) Bei Veranlagung der Nachsteuer im Falle zu niedriger Veranlagung (§ 80 des Einkommensteuergesetzes) darf die bei der Veranlagung richtig — d. h. nach § 10 des Gesetzes — festgestellte Grundlage für die Berechnung der unbestimmten und schwankenden Einnahmen nicht verändert werden.

Nr. 29.

Entscheidung des V. Senats, 2. Kammer, vom 30. Oktober 1893 (Bd. II. S. 291).

Ein Censit ist nicht befugt, zu verlangen, daß die Einsicht seiner Bücher von den Veranlagungsbehörden in seinem Hause vorgenommen werde. Verweigert er die Vorlegung am Amtssitz der Berufungskommission, so ist letztere zur Schätzung des Einkommens berechtigt.

Nr. 30.

Entscheidung des V. Senats, 3. Kammer, vom 14. November 1893 (Bd. II. S. 311).

Das Ergebnis der Einkommensteuerveranlagung eines Minderjährigen ist dem Vormund des letzteren bekannt zu machen, von welchem auch die erforderlichen Rechtsmittel einzulegen sind.

Nr. 31.

Entscheidung des V. Senats vom 20. November 1893 (Bd. II. S. 321).

Nach Art. 24 Nr. 1 der Ausführungsanweisung hat der Steuerpflichtige zunächst nur den Gesamtbetrag der nach § 9. I. 2 des Einkommensteuer=

gesetzes abzugsfähigen Schuldenzinsen anzugeben, während die Angabe des Namens und Wohnorts des Gläubigers, des Prozentsatzes der Verzinsung und die Vorlegung der Zinsquittungen erst auf Erfordern der Veranlagungsbehörden zu erfolgen hat. Ohne eine entsprechende Aufforderung der Veranlagungsbehörden, über die letzteren Punkte die erforderlichen Angaben zu machen und die Beweise für dieselben vorzulegen, darf der Censit mit seiner Behauptung über die Höhe der Schuldenzinsen nicht für beweisfällig erachtet werden.

Nr. 32.

Entscheidung des V. Senats, 2. Kammer, vom 21. Dezember 1893 (Bd. II S. 349).

Sollte aber auf die Bücher noch zurückzukommen sein, so würde ein Beharren des Pflichtigen darauf, dieselben nur der Berufungskommission bezw. dem Vorsitzenden oder einem sonst damit zu beauftragenden Mitgliede der Berufungskommission vorzulegen, nicht unberücksichtigt bleiben dürfen.

Nr. 33.

Entscheidung des V. Senats, 1. Kammer, vom 17. Januar 1894 (Bd. II. S. 366).

Ein Censit, der eine Steuererklärung abgegeben hat, befindet sich in der Lage, daß er eine spezielle Beweisauflage zu gewärtigen hat, ohne eine solche kann er nicht für beweisfällig bezüglich der von ihm gemachten Angaben erachtet werden.

Nr. 34.

Entscheidung des V. Senats vom 5. Februar 1894 (Bd. II. S. 400).

1) Die Vorsitzenden der Veranlagungskommissionen sind befugt, die mindestens vierzehntägige Frist, welche nach § 25 des Gesetzes zur Deklaration „besonders“ aufgeforderten Censiten offen steht, auch abweichend von der in Gemäßheit des § 24 Abs. 2 des Einkommensteuergesetzes und Art. 50 der Ausführungsanweisung allgemein auf die Zeit vom 4. bis 20. Januar festgesetzten Frist zu bestimmen.

2) Die Voraussetzung der Verlängerung einer Frist ist, daß diese selbst noch nicht verstrichen ist, der Antrag also noch innerhalb der ursprünglichen Frist gestellt wird.

Nr. 35.

Entscheidung des V. Senats, 1. Kammer, vom 10. Februar 1894 (Bd. II. S. 422).

Nachdem das Anerbieten des Censiten, seine Inventur vorzulegen, unter stillschweigender Zustimmung des Censiten dahin verstanden war, daß aus den Büchern der angegebene Gewinn nach Einnahme und Ausgabe festzustellen sei, und demgemäß verfahren worden ist, hat der Censit Anspruch darauf, daß die Bücher in zweckentsprechender Weise geprüft werden.

Nr. 36.

Entscheidung des V. Senats, 2. Kammer, vom 22. Februar 1894 (Bd. II. S. 432).

Wenn ein Censit sich darauf beschränkt, das Vorhandensein von Ueberschüssen zu bestreiten, und der Veranlagungsbehörde die Bücher hingiebt, damit diese einen Ueberschuß oder einen Fehlbetrag auffinde, so ist das eine unvollkommene, der Ergänzung bedürftige Beweisantretung. Es ist den Kommissionen unbenommen, von dem Censiten eine die erheblichen Einnahme- und Ausgabepositionen enthaltende Aufstellung, die er durch seine Bücher nachzuweisen sich getraut, zu erfordern, worauf dann die Vergleichung mit den Büchern stattfinden kann.

V.

Rechtsmittel.

(Einzuschalten auf S. 123 des Ergänz. Bds. 1893.)

Nr. 21.

Entscheidung des V. Senats, 1. Kammer, vom 14. Juni 1893 (Bd. II. S. 65).

Ist eine Entscheidung in Steuersachen nicht auf eine der nach § 53 des Einkommensteuergesetzes gebotenen oder zulässigen Zustellungsarten dem Steuerpflichtigen zugestellt, so läuft die Rechtsmittelfrist erst vom Tage der erlangten Kenntnis von der anzufechtenden Entscheidung.

Nr. 22.

Entscheidung des V. Senats, 1. Kammer, vom 17. Juni 1893 (Bd. II. S. 70).

1) Hat gegen die Veranlagung zur Einkommensteuer lediglich der Steuerpflichtige Berufung eingelegt, so darf zu Ungunsten desselben eine Abänderung der Vorentscheidung nicht erfolgen. Es folgt dies aus der Natur des Rechtsmittels der Berufung.

2) Auch wegen zu niedriger Veranlagung ist die Einlegung eines Rechtsmittels zulässig.

3) Hat der Steuerpflichtige in dem zu 1 gedachten Fall in der Berufungsinstanz sein Einkommen höher angegeben, als dasselbe von der Veranlagungskommission angenommen war, so darf die Berufungskommission die Steuer nicht nach einem von ihr etwa ermittelten noch höherem Einkommen festsetzen. Sie ist vielmehr in einem solchem Falle an die Angaben des Berufungsklägers über die Höhe seines steuerpflichtigen Einkommens gebunden.

Nr. 23.

Entscheidung des V. Senats, 3. Kammer, vom 4. Juli 1893 (Bd. II. S. 169).

Ob eine der im § 12 litt. d. gedachten Veräußerungen zu Spekulationszwecken erfolgt ist, ist Thatfrage und in der Beschwerdeinstanz nicht nachzuprüfen.

Nr. 24.

Entscheidung des V. Senats, 4. Kammer, vom 28. September 1893 (Bd. II. S. 104).

Eine nach § 10 des Einkommensteuergesetzes an sich zulässige Schätzung des Einkommens kann mit der Beschwerde an das Oberverwaltungsgericht angefochten werden, wenn dieselbe auf unrichtigen thatsächlichen Unterlagen beruht.

Nr. 25.

Entscheidung des V. Senats, 3. Kammer, vom 3. Oktober 1893 (Bd. II. S. 136)

Eine Beschwerde, welche lediglich die Höhe des von der Berufungskommission festgestellten steuerpflichtigen Einkommens bemängelt, nicht aber die Höhe des Steuersatzes, ist unzulässig.

Nr. 26.

Entscheidung des V. Senats, 3. Kammer, vom 24. Oktober 1893 (Bd. II. S. 269).

1) Stirbt ein Steuerpflichtiger, bezüglich dessen Veranlagung noch eine Rechtsmittelfrist läuft, so sind die Erben befugt, das Rechtsmittel einzulegen.

2) Bei der Erledigung dieses Rechtsmittels kommen nur diejenigen Einkommensverhältnisse in Frage, die zu der für die Veranlagung des verstorbenen Steuerpflichtigen maßgebenden Zeit bestanden, nicht aber die in jenen Verhältnissen durch den Tod des Steuerpflichtigen herbeigeführten Veränderungen. Letztere finden erst Berücksichtigung bei der gemäß § 52 des Einkommensteuergesetzes stattfindenden Neuveranlagung.

Nr. 27.

Entscheidung des V. Senats, 1. Kammer, vom 8. November 1893 (Bd. II. S. 301).

Hat ein Steuerpflichtiger innerhalb der vorgeschriebenen Frist nur eine einzige Quelle des Einkommens angegeben und erklärt, daß er aus dieser Quelle nicht nur keinen Gewinn erzielt, sondern Verlust erlitten habe, so ist eine Steuererklärung abgegeben und es findet der § 30 Abs. 1 des Einkommensteuergesetzes (Verlust der Rechtsmittel) keine Anwendung.

Nr. 28.

Entscheidung des V. Senats, 1. Kammer, vom 24. Januar 1894 (Bd. II. S. 385).

Hat nur der Censit ein Rechtsmittel eingelegt, so ist reformatio in pejus ausgeschlossen.

Nr. 29.

Entscheidung des V. Senats vom 5. Februar 1894 (Bd. II. S. 395).

1) Der Verlust der gesetzlichen Rechtsmittel infolge verspäteter Einreichung der Steuererklärung (§ 30 des Einkommensteuergesetzes) tritt nur dann ein, wenn der Beschwerdeführer zur Abgabe einer solchen überhaupt verpflichtet war.

2) Ist eine rechtzeitige Steuererklärung aus entschuldbarem Irrtum unterblieben, so gehen die Rechtsmittel ebenfalls nicht verloren.

Chronologisches Register

des Hauptbandes 1892 II. Auflage und der Ergänzungsbände der Jahre 1892—1894.

Abkürzungen: H. = Hauptband II. Aufl.; I. = Ergänzungsband 1892; II. = Ergänzungsband 1893; III. = Ergänzungsband 1894.

Abkürzungen: H. = Hauptband II. Aufl.; I. = Ergänzungsband 1892; II. = Ergänzungsband 1893; III. = Ergänzungsband 1894.

Abkürzungen: H. = Hauptband II. Aufl.; I. = Ergänzungsband 1892; II. = Ergänzungsband 1893; III. = Ergänzungsband 1894.

Abkürzungen: H. = Hauptband II. Aufl.; I. = Ergänzungsband 1892; II. = Ergänzungsband 1893; III. = Ergänzungsband 1894.

Abkürzungen: H. = Hauptband II. Aufl.; I. = Ergänzungsband 1892; II. = Ergänzungsband 1893; III. = Ergänzungsband 1894.

Abkürzungen: H. = Hauptband II. Aufl.; I. = Ergänzungsband 1892; II. = Ergänzungsband 1893; III. = Ergänzungsband 1894.

Abkürzungen: H. = Hauptband II. Aufl.; I. = Ergänzungsband 1892; II. = Ergänzungsband 1893; III. = Ergänzungsband 1894.

Abkürzungen: H. = Hauptband II. Aufl.; I. = Ergänzungsband 1892; II. = Ergänzungsband 1893; III. = Ergänzungsband 1894.

Abkürzungen: H. = Hauptband II. Aufl.; I. = Ergänzungsband 1892; II. = Ergänzungsband 1893; III. = Ergänzungsband 1894.

Abkürzungen: H. = Hauptband II. Aufl.; I. = Ergänzungsband 1892; II. = Ergänzungsband 1893; III. = Ergänzungsband 1894.

Abkürzungen: H. = Hauptband II. Aufl.; I. = Ergänzungsband 1892; II. = Ergänzungsband 1893; III. = Ergänzungsband 1894.

1885.

Hessen-Nassauische Kreis-Ordnung vom 7. Juni.

Hessen-Nassauische Provinzial-Ordnung vom 8. Juni.

1886.

Die westfälische Kreisordnung vom 31. Juli.

Abkürzungen: H. = Hauptband II. Aufl.; I. = Ergänzungsband 1892; II. = Ergänzungsband 1893; III. = Ergänzungsband 1894.

Abkürzungen: H. = Hauptband II. Aufl.; I. = Ergänzungsband 1892; II. = Ergänzungsband 1893; III. = Ergänzungsband 1894.

Abkürzungen: H. = Hauptband II. Aufl.; I. = Ergänzungsband 1892; II. = Ergänzungsband 1893; III. = Ergänzungsband 1894.

1892.

Krankenkassen-Gesetz in der Fassung vom 10. April.

1893.

Chronologische Zusammenstellung der Entscheidungen aus dem Ergänzungsbande 1894.

Datum der Entscheidung.	Seite	Datum der Entscheidung.	Seite	Datum der Entscheidung.	Seite
1893.					
14. Februar	59	14. Juni	111	2. Oktober	88
7. März	9	14. „	115	2. „	94
23. „	47	17. „	81	2. „	95
21. April	93	17. „	105	2. „	100
22. „	39	17. „	115	2. „	107
28. „	60	20. „	73	3. „	6
1. Mai	46	21. „	111	3. „	116
4. „	46	22. „	106	4. „	27
4. „	67	27. „	25	7. „	101
9. „	4	29. „	86	10. „	51
9. „	22	29. „	110	10. „	91
9. „	49	1. Juli	10	11. „	101
10. „	36	1. „	11	14. „	3
12. „	10	4. „	115	14. „	40
13. „	22	11. „	60	16. „	88
17. „	30	12. „	23	16. „	95
17. „	83	14. „	52	16. „	96
18. „	93	27. „	92	16. „	110
24. „	32	19. September	9	17. „	17
26. „	57	20. „	86	17. „	26
27. „	90	22. „	6	18. „	88
27. „	98	22. „	72	19. „	69
27. „	104	22. „	79	21. „	33
27. „	111	22. „	86	23. „	77
31. „	92	22. „	91	24. „	12
31. „	99	25. „	47	24. „	51
31. „	105	25. „	86	24. „	116
1. Juni	65	25. „	87	25. „	101
2. „	85	25. „	95	25. „	107
2. „	92	25. „	106	28. „	81
3. „	27	26. „	23	28. „	102
7. „	92	26. „	87	28. „	108
7. „	94	27. „	93	28. „	113
7. „	111	27. „	100	30. „	108
10. „	100	27. „	106	30. „	113
12. „	69	27. „	112	1. November	89
13. „	56	28. „	115	2. „	45
13. „	76	30. „	108	2. „	89
14. „	85	30. „	112	3. „	17
14. „	105	2. Oktober	87	3. „	49

Alphabetisches Register.

Die beigefügten Zahlen verweisen auf die Seiten.

A.

F.

G.

H.

J.

T.

Druck von Albert Koenig in Guben.

Kolibri 360 GmbH
Ferdinand-Jühlke-Straße 7
99095 Erfurt, Deutschland
produktsicherheit@kolibri360.de